有名芸能人、人気モデルが
秘密にしたがる

筋肉食堂

3日で実感！おなかが凹む！
最強の食べ方

谷川俊平

世界文化社

INTRODUCTION

「たった3週間でカラダは劇的に変わります」

こんにちは、谷川俊平と申します。僕は、「筋肉食堂」というレストランをやっています。筋肉食堂と聞くと、タンクトップのお兄さんがお肉を焼いていたり、マッチョな男性が接客してくれたり、そのようなイメージを持たれることがありますが、そうではありません（笑）。僕らが食堂で提供しているのは、おいしい高タンパク低カロリーの料理です。鶏のむね肉のソテーやささみを使った一品、牛赤身肉のステーキやつなぎを使っていないハンバーグなどが人気です。

僕は前職でパーソナルトレーナーという仕事をしていました。そのジムでは、カラダを引き締めたい、ダイエットを成功させたい、健康的になりたいなど、お客様の目的に応じて、トレーニングと食事の指導をしていました。約10年でたくさんのお客様を担当させていただいて感じたのは、カラダが劇的に変わる人と変わらない人の差はトレーニングより食事だということです。

トレーニングを頑張ったから、今日はご褒美に朝までお酒を飲んじゃおう！　という人。トレーニングの効果をより早く出したいから、今日は高タンパク低カロリーな鶏むね肉や魚をしっかり食べようとする人。理想のカラダにより早くなれる人は後者のように、食事の内容を変えられる人です。

しかし、当時は高タンパク低カロリーの食事を提供しているレストランが少なく、お客様には食事が大事と言っておきながら、お店の選択肢を提案することが難しく悩んでいました。トレーニングを頑張って、自炊も頑張る。みなさん日々忙しく働いている中で、両立できる方はそう多くはいません。カラダを変えるための食事をおいしく食べられるレストランがあれば……。それが、僕がこのお店を始めようと思ったきっかけでした。

おかげさまで、トレーニングに励む多くの方が、僕の考えに賛同してくださり、筋肉食堂はあっという間に口コミで評判に。仕事後のジムを終えて来てくださる会社員、ランニング帰りのランナーグループ、そしてメディアで活躍中の人気俳優や有名モデル、ミュージシャンなど人前に立つ仕事をされている方、ハイボールで盛り上がる女子会のグループまで、いろいろなお客様で賑わうようになりました。

僕は、カラダを変えるのは食事9割、トレーニング1割だと思っています。ジムに行き、トレーニングさえ頑張っていればやせると思っている人は多いと思いますが、ジムは週に2〜3回行ければいいほうではないでしょうか。ですが食事は、忙しくても1日に3回、1週間だと21回以上。どちらが効果的かといえば、やはり毎日、毎回の食事です。極端に言うと、ジムに入会しなくても食事内容さえ気をつければカラダを変えることはできるのです。

ラーメン、ケーキにジャンクフード、どれもおいしいし、満足度は高いですが、食後に「食べてしまった……」「太るかも……」といった思いをしたことはありませんか？　筋肉食堂のメニューは、男性でも充分満足できるボリュームたっぷりの一皿でも、驚くほど低カロリー。ですから、食べたあとの罪悪感がなく、次の日のカラダも軽く、幸福感が持続します。また、タンパク質が効果的にカラダに吸収されるよう、ビタミンやミネラルのバランスも考えています。

機能食として優秀なだけでなく、おいしいから毎日続けられる。その結果、自然とカラダが変わって、カッコいい&キレイなカラダ、健康的なカラダになれる。それが筋肉食堂です。今回ご紹介する食べ方を、3週間続けてみてください。そして自炊に飽きたら、どうぞ筋肉食堂にお越しください。そこにはカラダ意識の高い人たちが集まっています。筋肉食堂では、新メニューや季節限定のメニューも用意しています。ぜひ、おいしい高タンパク低カロリーのメニューをお楽しみください。

美しい肉体はこうして作る！

筋肉食堂を愛する人々

オープン以来、「理想的な食事ができる！」と多くの人気芸能人やアスリート、モデル、ミュージシャンなどが頻繁に訪れてくれています。ここでは常連の３名に、よく食べるメニューと筋肉食堂がお気に入りの理由を聞きました。

減量中の私にとってここはオアシスです♡

2

3

1

❶オフシーズンは弁当２個。鶏もも肉１＋鶏むね肉２でタンパク質をしっかり補給！ ❷筋肉食堂で一番の大好物は「鶏ささみと卵白のホワイトオムレツ」。❸減量中のランチは「ヘルシー卵白チキン弁当」。脂質が少ない鶏むね肉と食物繊維豊富な玄米をしっかり摂取。

NO_Ø1

安井友梨

Yuri Yasui

フィットネス界のクイーン

「筋肉食堂なくして私のボディメイクはありません！」

フィットネスビキニの日本女王、安井友梨さん。フィットネスビキニとは、ボディビルの1カテゴリーで、筋肉美のみならずトータルで健康美を競う競技。外資系銀行OLと両立させる姿勢が、熱い注目を浴びています。そんな安井さんの〝美筋〟を支えているのが筋肉食堂のランチ弁当。勤務先に筋肉食堂のデリができたときは、うれしくて飛び上がったとか。「筋肉食堂のお弁当は、めちゃくちゃおいしくて、手軽に高タンパク低カロリーの食事ができるので大助かり。減量中もオフシーズンも毎日食べても飽きません」と安井さん。「食べて健康に、美しくなれる私の最強の食堂です！」。

PROFILE

フィットネスビキニアスリート。2015年、ジム通い10カ月で国内大会で優勝した戦歴は伝説。数々の世界選手権にも参加、アジア人最高位の記録を塗り替え中の「OLの星」。

NO_02

パワフルなダンスで圧倒的人気

数原龍友

Ryuto Kazuhara

筋肉食堂さんには
いつもお世話に
なってます！

お気に入りの
ミックスグリル！

❶「おいしくて飽きがこないので、ずっと通い続けられます」と数原さん。同じく健康を気遣うトレーニング仲間と来ることも。❷お気に入りメニューのひとつ「リブロースのねぎおろしポン酢プレート」はジューシーなリブロースにねぎが好相性。❸鶏もも肉＆ハンバーグもよく頼む一品。❹筋肉食堂のTシャツを愛用！

「おいしくて元気になる！みんなにすすめたいです」

GENERATIONS from EXILE TRIBEのボーカル、数原さん。パワフルなボーカルと高い身体能力を生かしたダンスを支えているのが、食事。数年前に筋トレを始めて以来、食材にもこだわりはじめ、今や〝鶏肉のストック量〟はGENERATIONSの中でナンバーワン(!)という説も。

筋肉食堂の食事は、週に2〜3回は食べているそうで、ジムのあとに立ち寄ったり、デリバリーを頼んだり。「カロリーとタンパク質量がわかるので、食事コントロールがしやすいのもお気に入り」と数原さん。「ここでご飯を食べていると、カラダも元気になるし、心も元気になるよ！ とみんなにすすめたいです」とメッセージをくださいました。

PROFILE

GENERATIONS from EXILE TRIBEのボーカル。LDH JAPAN所属。抜群の歌唱力と圧倒的なパフォーマンスでファンを魅了。グループではムードメーカー的な存在。

NO_03

芸能界トップクラスの筋肉美の持ち主

中尾明慶

Akiyoshi Nakao

最近のトレーニングは
もっぱら
クロスフィットです

中尾の
定番タンパク飯です！

❶しなやかでマッチョ過ぎない筋肉の持ち主、中尾さん。「ナカイの窓」で水着姿になり、肉体を披露したときのひとコマ。インスタグラムで公開中の筋トレ動画も話題。❷アスリートの三種の神器、ささみ、卵白、ブロッコリーは欠かさない。❸鶏のむね肉ともも肉をセットにしたタンパク飯！

「おいしくタンパク質が摂取できるうえ居心地もよく最高です」

すき間の時間で筋トレするのが大好きという、俳優の中尾さん。毎週ジムにも通い、ストイックにカラダを追い込んでいます。筋肉食堂には「頻繁に通ってます！」とのこと。さすが筋トレ歴が長いだけに、手軽にしっかりとおいしいタンパク質が摂取できるレストランをキープしているもよう。

「どんなにトレーニングしても食事をいい加減にしたらまったく意味がないので、まずはジムに行くより食事を見直すことのほうが重要」と語る中尾さん。「カラダは日々の積み重ね。食事を見直せば、体型も健康面も必ず変わります。カラダはとても正直だなぁと思います」

PROFILE

俳優。ドラマ「ママまっしぐら！」でデビュー。13歳で「3年B組金八先生」に出演、注目を集める。その後、「ROOKIES ルーキーズ」ほか、話題作への出演多数。ショートフィルムの監督や声優、小説家など多彩に活躍中。得意なスポーツは水泳、野球、乗馬。アマチュアレーシングドライバーの顔も持つ。

CONTENTS

2 「たった3週間でカラダは劇的に変わります」
5 筋肉食堂を愛する人々
12 本書の見方

PART 1 なりたいカラダの作り方
14 カラダは食べるものでできている
16 筋肉食堂の3カ条
18 ダイエットは食事が9割
20 筋肉食堂のレシピはココがすごい！
22 3日、3週間、3カ月でカラダが変わる！

PART 2 実践！ 筋肉食堂の食べ方メソッド
26 健康なカラダ作りにタンパク質はハズせない！
28 バランスよく食べると代謝がアップ！
30 「ちょい替え」でズボラでもするするやせる！
32 ルーティンにすることで心理的負担を減らす

34 白身肉と赤身肉のコラボで若返る
36 コスパ重視でいくなら卵から！
38 たっぷり野菜でサビないカラダをゲット！
40 お酒やスイーツとも上手に付き合う
42 COLUMN 間食を工夫して空腹を作らない「血糖値コントロール」のコツ

PART 3 筋肉食堂の大人気レシピ

44 鶏肉のレシピ
45 鶏むね肉のステーキ
46 鶏むね肉の蒸しステーキ
48 皮なし鶏もも肉のステーキ
49 皮なし鶏もも肉のしょうが焼き
50 皮なし鶏もも肉のピリ辛ホットグリル
51 皮なし鶏もも肉の
スタミナガーリック焼き
52 鶏むね肉と軟骨の
豆腐入りおろしポン酢ハンバーグ
53 鶏ささみと卵白のホワイトオムレツ

54 牛肉のレシピ
55 牛リブロースステーキ
56 牛ヒレ赤身肉のステーキ
57 牛赤身肉のローストビーフ
58 牛ハラミ肉の特製タレ焼き
59 牛赤身肉のハンバーグ

60 魚のレシピ
61 厚切りサーモンのトマトソース味
62 メカジキの和風おろしポン酢
63 マグロステーキのジェノベーゼソース

64 **主食と置き替え主食**
白米／玄米／ブロッコリー山盛り／卵白山盛り／キャベツ山盛り
73 **蒸し鶏と卵白のサラダ**
74 **温野菜プレート**
75 **きのこのホイル焼き**

66 **野菜のレシピ**
68 **メガボウルチョップドサラダ**
70 **ローストビーフサラダ**
71 **季節の20品目野菜と**
チキンのパワーサラダ
72 **ノンオイルツナ&海藻サラダ**

76 **おすすめおつまみ**
77 **鶏ささみのあぶり**
78 **鶏むね肉のキムチ和え**
79 **鶏ささみの梅肉和え**
80 **鶏ささみスティック**

81 COLUMN 「太るお酒」「太らないお酒」を見極めてストレスを効果的に解消！

82 **プロテインパウダー**
83 **プロテイン＋スムージー**
ミックスベリースムージー／バナナスムージー／グリーンスムージー／マロンスムージー
86 **プロテイン＋アサイーボウル**
プロテインアサイーボウル／ｗｉｔｈ ざくろ／ｗｉｔｈ ドラゴンフルーツ
88 **プロテイン＋シフォンケーキ**
プロテインシフォンケーキ／ｗｉｔｈ ミックスベリー／ｗｉｔｈ レモンミント

90 スリムになりたい人のための1週間チャレンジメニュー
92 筋肉を増やしたい人のための1週間チャレンジメニュー
94 疲れをとりたい人のための1週間チャレンジメニュー
96 COLUMN 飲み会やパーティーでもストレスフリー「食べ過ぎたら翌日で調節」でOK！

PART 4 一生太らない！ 若返りが加速する生き方

98 健康と若返りが加速する5つのコツ
100 毎日やりたい筋トレ 15分メニュー
101 スクワット
102 ブルガリアンスクワット
103 ベントオーバーローイング
104 プッシュアップ
105 レッグレイズ
106 トレーニング前後はプロテインと糖質をタイミングよく摂る！
108 1回目のノンレム睡眠をいかに深くするかで回復力に差がつく！

110 筋肉食堂Q＆A
111 筋肉食堂へ行こう！

本書の見方

PART 3「筋肉食堂の大人気レシピ」とPART 4「若返りが加速する生き方」の「毎日やりたい筋トレ」ページの見方です。ぜひ活用してください。

PART 3

❶ レシピ名
筋肉食堂のメニューをレシピ名にしています。家庭で無理なく作れる内容にアレンジしました。

❷ 材料
家庭で手に入りにくい食材や調味料は身近なものに置き替えたり、市販品も使用しています。

❸ 付け合わせ
おすすめしたい付け合わせ例です。栄養データには入っていないので種類や量はアレンジ自由です。

❹ 作り方
店ではプロ機材を使っていますが、家庭の調理器具で、最も近い仕上がりになる作り方にアレンジ。

❺ 栄養データ
料理1皿、1名分の栄養データです。数値を見て、足りない栄養素を積極的に補いましょう。

PART 4

❶ メソッド名
ご紹介しているメソッド名です。一般的な筋力トレーニングで呼ばれている名称を使用しています。

❷ この筋肉に効く！
このトレーニングでターゲットとしている筋肉です。この筋肉を動かすことを意識してください。

❸ 目標回数
平均的な30代女性の目標値です。筋力を使い切るまで至らない人はセット数を増やしてください。

❹ やり方
筋トレは正しいフォームで行うことがとても大切です。鏡で姿勢をチェックしながらやりましょう。

❺ NGポイント
筋トレでよくある間違った姿勢を載せました。正しいフォームで行うように注意してください。

❻ アドバイス
僕からのひと言アドバイスです。正しいトレーニングの参考や、毎日の励みになれば幸いです。

PART

1

HOW TO
BUILD YOUR BODY

なりたい
カラダの作り方

食事を栄養面から捉えなおすことが
カラダを変える第一歩。
食欲のままに食べるのではなく、
カラダが必要なものを摂取するという意識が
なりたいカラダを作ります。

KINNIKU
SHOKUDOU

カラダは食べるものでできている

筋肉食堂は、高タンパク低カロリーのメニューにこだわった食堂です。スポーツ競技をする人は、先生やコーチから鶏むね肉やささみ、卵白を食べなさい、と言われたことはありませんか？　その理由は、含まれるタンパク質が多いこと。三大栄養素のひとつであるタンパク質は、筋肉をはじめ、カラダを作る材料です。タンパク質メインの食事は、筋肉量を増やして、カラダの機能を上げてくれるのです。引き締まった動けるカラダを作るのに、タンパク質は欠かせません。

では太ったカラダは、どんな食べ物でできているのでしょうか。朝はバターたっぷりのパンにコーヒー。昼は定食屋で丼もの。夜はラーメン餃子にビール。ありがちな一日のメニューですが、食べているのは糖質と脂質がほとんど。摂り過ぎた糖質は、カラダの中で脂肪に変わり太ります。カラダを変えるには、タンパク質中心の食事で、中身から変えることが必要です。さあ、納得したら次のページへ進みましょう！

筋肉食堂の3カ条

1：高タンパク、低カロリーのものをおいしく調理すること

「こんなにおいしい鶏むね肉は初めて！」。多くの方から、
こんなコメントをいただいています。カラダにいい食材か
ら本来のおいしさを引き出すこと、毎日食べても飽きない
味を提供することにこだわっています。

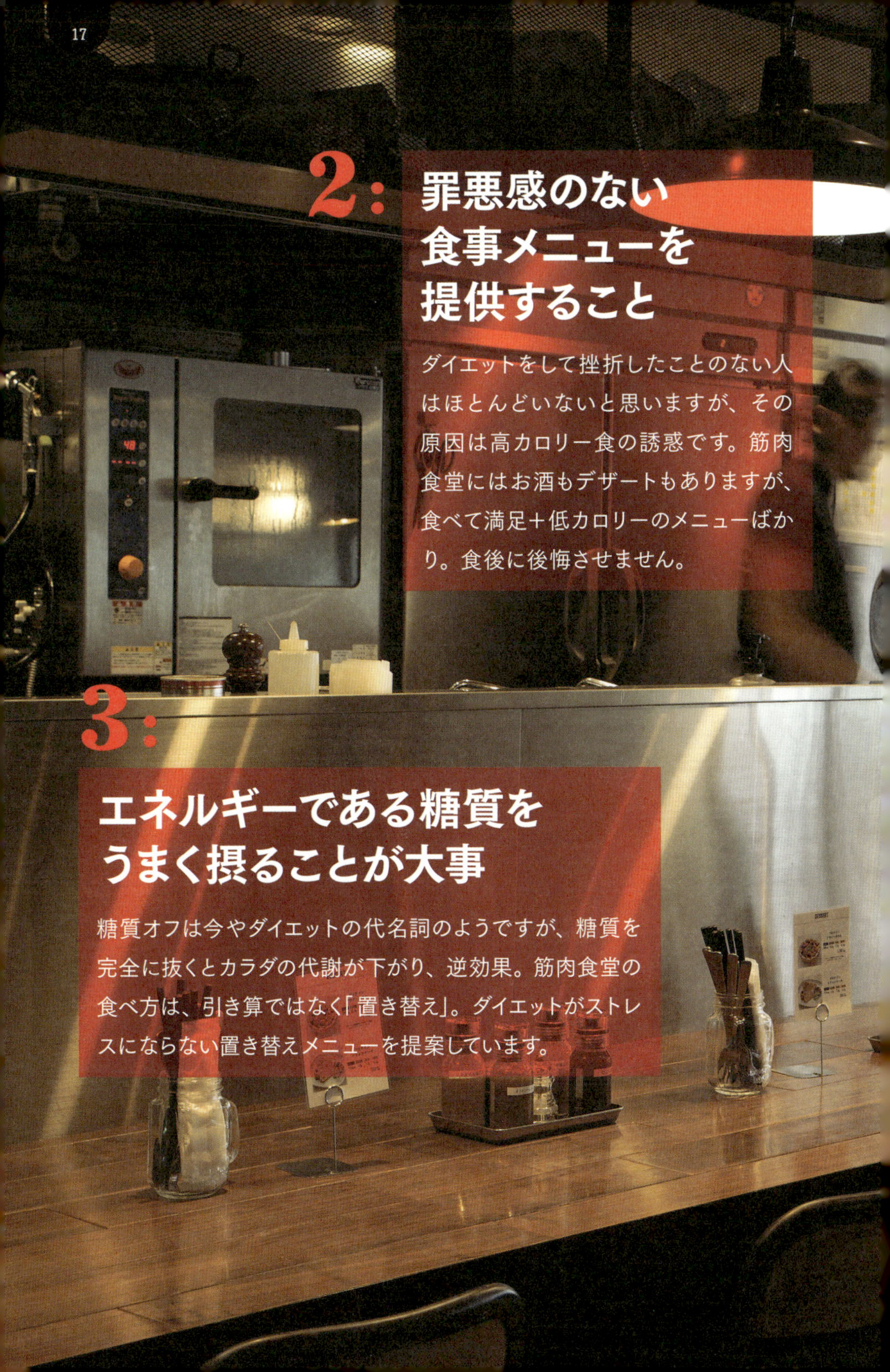

2: 罪悪感のない食事メニューを提供すること

ダイエットをして挫折したことのない人はほとんどいないと思いますが、その原因は高カロリー食の誘惑です。筋肉食堂にはお酒もデザートもありますが、食べて満足＋低カロリーのメニューばかり。食後に後悔させません。

3: エネルギーである糖質をうまく摂ることが大事

糖質オフは今やダイエットの代名詞のようですが、糖質を完全に抜くとカラダの代謝が下がり、逆効果。筋肉食堂の食べ方は、引き算ではなく「置き替え」。ダイエットがストレスにならない置き替えメニューを提案しています。

ダイエットは食事が9割

カラダ作りに取り組むお客様1人ひとりのために、筋肉食堂のケータリングでは、ボックスに手書きで応援メッセージを書いてお届けしています。

ジムに来る人は、運動でやせると信じている人が多いです。激しい運動をしたら、ごほうびに好きなものを食べてもいい。好きなものを食べるために運動を頑張っていると言います。しかし、何度も言いますが、カラダは食べるものでできています。有名なパティシエが作る甘いケーキを3個も4個も食べる生活を続けていたら、いくら運動しても帳消しにはなりません。

僕はトレーナーとして長年、筋トレの指導をしてきましたが、残念ながら筋トレだけでは脂肪は落ちません。筋肉を増やして基礎代謝を上げ、食べても太りにくいカラダになる。これが筋トレの目標です。脂肪を落とす。それは食事にかかっています。

筋肉食堂の食事でカラダが変わったのをきっかけに、ボディメイクの大会に出場するまでになった人もいます。筋肉食堂のメニューは、毎日食べたらカラダが確実に変わる、パーフェクトなメニューなのです。

筋肉食堂のレシピはココがすごい!

1 おいしくなければ意味がない

塩とこしょうだけで感激するほどおいしい!　鶏むね肉のステーキをはじめとした店の代表的なメニューを、家庭にある道具を使って再現できるよう工夫。コツは火入れ時間と温度。タイマー片手にレシピ通り作ってみてください。

2 トレーニング前後の機能食に

筋トレではトレーニング前後にタンパク質を補う食事をすることが大切です。高タンパクで脂質が少ない蒸し鶏や鶏ささみスティックは手軽で食べやすく、レシピも簡単です。

3 おいしくやせてストレス解消

「機能的な食事内容でいながらも、おいしい！」というのが筋肉食堂のモットー。このメニューで食事制限できるの？と驚くほど、ストレスを感じるスキを与えません。

4 身近な食材で手軽に調理

トレンドの食材ではなく、どこでも簡単に手に入ってリーズナブル、調理の応用がきく食材を選びました。調理法もシンプルなので、毎日ラクに作れて、継続的に食べていただけます。

5 食べることで前向きになれる

栄養価が高く低カロリーのメニューは、食べたあとに後悔する必要なし。カラダにいいことをしたという前向きな気持ちになれるので、モチベーションを高く保つことができます。

3日、3週間、3カ月でカラダが変わる！

筋肉食堂のダイエットは、体脂肪を燃やし、筋肉量は保つ、または増やしていくダイエットです。余分な脂質をできるだけカットし、糖質量をコントロールすることで、体脂肪が燃えやすい状態を作り、筋肉が減らないようにどんどんタンパク質を補給します。タンパク質がカラダの中で足りなくならないようにするため、空腹を作らずに高タンパクの食事を続けることで、いつでもカラダが筋肉を合成できる状態にしておく。ここがポイントです。

この食事に切り替えると総カロリーが減るので、3日目くらいから体重が減りはじめますが、ここで体重にこだわらないこと。大事なのは体脂肪率です。体脂肪率とは、体重に対する脂肪の割合で、これが減れば自ずと見た目のサイズがダウンします。見た目のサイズは3週間で変化が表れ、3カ月後には細胞からカラダが入れ替わり、理想の体型に近づきます。

この食事を続けていけば、将来の健康を手に入れることにも繋がります。一生役立つ食事法を身に付け、カッコいいボディをキープしてください。

筋肉食堂レシピ3カ月チャレンジ！

モニター1人目　Y・Tさん

（24歳・会社員・身長169cm）

AFTER　BEFORE

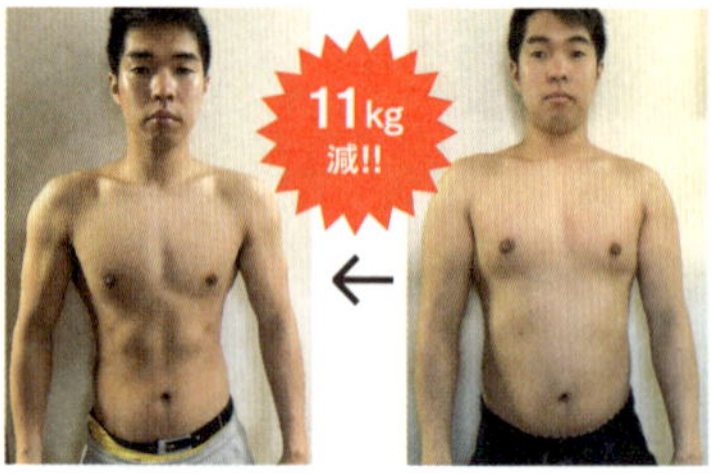

体重68kg　体重79kg

やったこと

筋肉食堂を利用して3食筋肉食堂メニューを実践。玄米は朝300g/昼200g/夜200gから始め、2カ月目から200g/100g/100gに。筋トレは週3回、2カ月目からは週3回30分ジョギングをプラス。期間中は禁酒、チートデー※は1カ月に1回。

感想

スナック菓子やハンバーガーをやめられるか心配だったが、玄米で糖質を摂っていたせいか、すんなりやめられた。1週間で1kg、3週間で1.5kg減のペースでどんどんカラダが軽くなり、胃の調子もよくなった。思ったよりラクに達成できた。

うまく絞れましたね！
リバウンドに注意してキープを！

モニター2人目　Y・Kさん

（26歳・会社員・身長177cm）

AFTER　BEFORE

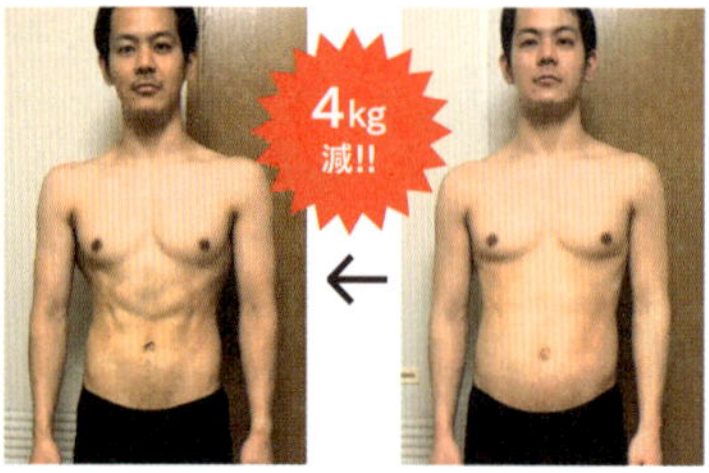

体重70kg　体重74kg

やったこと

仕事中のお菓子や菓子パンをやめ、筋肉食堂を利用しながら3食筋肉食堂メニューを実践。玄米は朝・昼・夜各200g。運動は自転車通勤（片道約3.5km）。チートデーは3週間に1回。2カ月目から筋トレ（P.101〜）もときどき行った。

感想

3日で家族から「顔がスッキリしてきた」と言われ、3週間でウエスト減。3カ月が終わってカラダが軽くなり、見た目も変わった。持久力がつき、疲れにくくなったと思う。あまり運動できなかったが、食事の威力はすごいと思った。

元運動選手だけあって
スムーズに結果が出ました！

特別編！ 筋肉食堂式ダイエット3カ月実践の効果を公開！

今回モニターになってくれた2人とも体脂肪を溜め込んでしまっていたので、脂質をできるだけ摂らない「スリムになりたい人のための1週間チャレンジメニュー」(P.90)を提案。リバウンドしないよう体重の減らし過ぎに注意しながら食事管理をし、結果、Y・Tさんは体重11kg減、Y・Kさんは胴回り3cm減で、ダイエットは成功。ぜひこの食事を続けて筋トレを増やし、さらに引き締まったカラダを目指してほしいと思います。

Q
女性でも同じように効果は現れますか？

A
もちろんです。さらに女性の場合、カラダが引き締まるだけでなく、髪に艶が出た、肌がツルツルになったという方もいました。髪や肌、爪を作るのもタンパク質。ぜひ試してみてください。

※チートデー：食事制限中、好きなものをがまんせずに食べられる日。プロアスリートも減量の停滞期に導入する

PART

2

MUSCLE BOOST
EATING METHOD

実践！

筋肉食堂の食べ方メソッド

健康的なカッコいいカラダになりたい。
それにはちょっとしたルールがあります。
これさえ覚えておけば、
自炊はもちろん、外食をするときでも
罪悪感を感じることなく食事ができます。

MUSCLE BOOST EATING METHOD

1

健康なカラダ作りにタンパク質はハズせない！

1日に必要なタンパク質を毎日しっかり摂取しよう！

人間が1日に必要なタンパク質の目安は、体重1kgにつき1g。カラダを変えたい、筋肉をつけたいならその2～2.5倍は必要です。左のページに主な高タンパクの食材をあげました。トレーニング中の体重70kgの人が140gのタンパク質を摂るには、1日でむね肉なら3枚は必要です。みなさんも、自分の体重から必要なタンパク質量を計算してみてください。こんなに必要なのかと驚く方が多いのではないでしょうか。ふだんの食事だけでタンパク質が充分に足りているという人は、少数だと思います。

では、何をどのように食べたら1日に必要な量をクリアできるのでしょうか。まずは高タンパクの食材を食事の中心にします。また、タンパク質は一度にたくさん食べても、人により一度に吸収できる量が限られます。効率よくカラダに吸収されるよう、1日のうちで5～7回に分けて食べることも大切です。すべてを食材でカバーするのが難しいときは、プロテインドリンク、プロテインバーなどを間食に摂って補いましょう。

タンパク質摂取量の目安

体重(kg)×1.0g ＝ 1日あたりの理想的なタンパク質摂取量

例）体重60kgの人なら　60kg × 1.0g ＝ **60g**

高タンパクの食材

- 鶏むね肉 1枚（200g）→ 約40g
- 豆腐 1丁（300～400g）→ 約20～26g
- ツナ缶［ノンオイル］1缶（60～80g）→ 約12～15g
- ゆで卵（L玉）1個 → 約7～8g
- 納豆 1パック（50g）→ 約6～8g

1日60gのタンパク質を摂るには
鶏むね肉1枚＋ゆで卵1個＋納豆1パックじゃ足りない！

→ **意識的にタンパク質を摂ることが重要！**

＼あなたの目安量は？／

□ kg × 1.0 g ＝ □ g

point

- 自分が1日に摂るべきタンパク質の量を把握する
- 一度に食べるより小分けにして食べるほうが効果的

MUSCLE BOOST EATING METHOD

2

バランスよく食べると代謝がアップ！

糖質も脂質も敵じゃない！　バランスよく食べてカラダに生かそう

健康的なカラダ作りには適度な糖質や脂質も必要です。糖質は1日のはじまりの朝食や、筋トレ前に摂取することでエネルギー源となり、効果的に消費できます。また、脂質は肉や魚など良質な脂を含む食材から摂取すると、摂り過ぎを防げます。僕のメソッドでは、タンパク質2：糖質1：脂質1が、三大栄養素の黄金バランスです。

また男性は20代以降、加齢により、筋肉を育てるホルモンであるテストステロンが減り、カラダが変わりにくくなってきます。実は、テストステロンの分泌を促すのも脂質。女性においてもテストステロンは筋肉作りに必要なホルモンなので、30～40代以降は良質な脂質をバランスよく摂るのが重要。食材ではオメガ3脂肪酸を多く含む魚やナッツ類、アミノ酸の一種であるクレアチン、ミネラルの亜鉛を含む牛肉がおすすめです。特に牛赤身肉は良質の脂質が摂取できます。いろいろな食材からタンパク質と脂質を上手に摂ることで、カラダの回復がスムーズに。これもカラダ作りのポイントのひとつです。

バランスよく食べて代謝を促進！

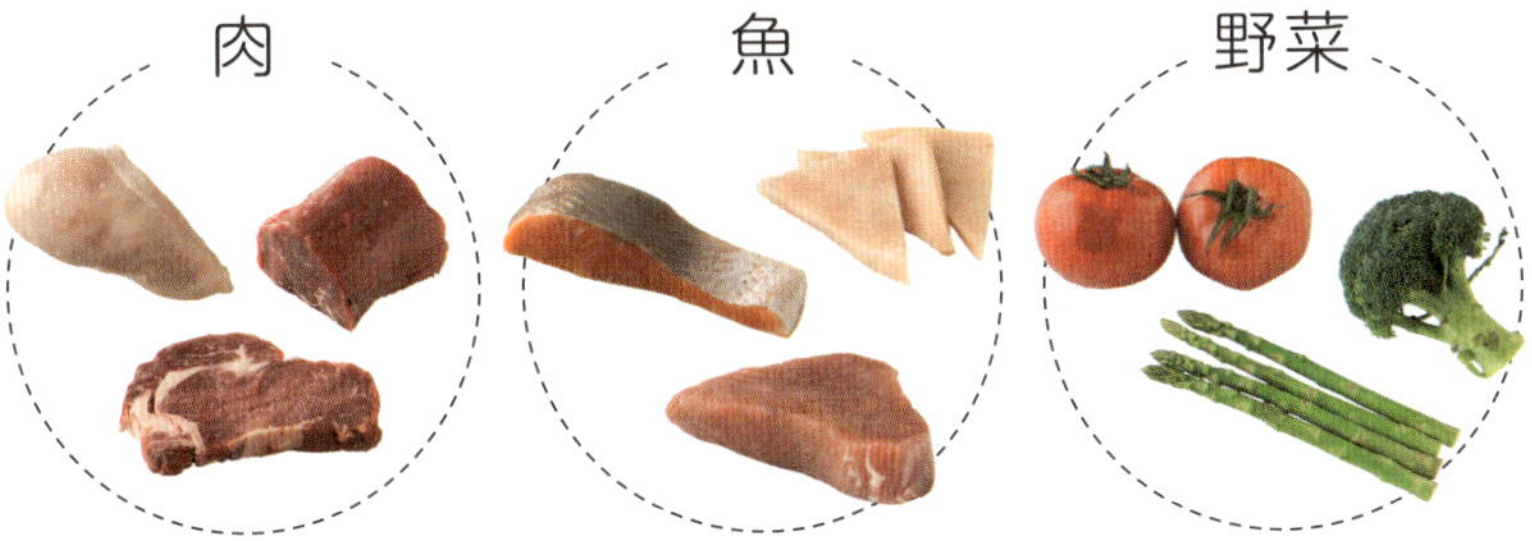

＋ **糖質** ＆ **脂質** もほどよく摂ろう！

Q. 糖質を抜いたほうがやせるんじゃないの？
脂質を摂ると、太るんじゃないの？

A. 糖質も脂質も敵じゃありません！

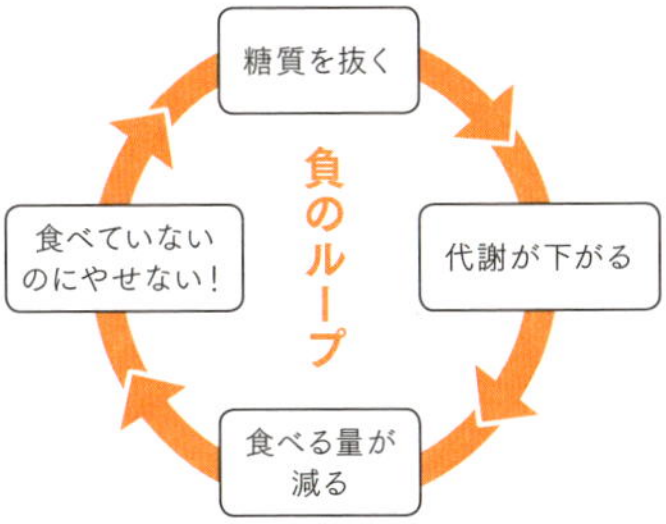

糖質の役割	・代謝をアップさせる ・脳のエネルギーになる ・疲労をやわらげて集中力増
脂質の役割	・ホルモンや細胞膜を作る ・ビタミンの吸収を促す ・美しい肌を作る

point

- 三大栄養素の食事バランスはタンパク質2：糖質1：脂質1
- 30～40代以降は脂質をカットし過ぎないよう注意

MUSCLE BOOST
EATING METHOD

3

「ちょい替え」でズボラでもするするやせる！

消費カロリーを調整してくれる、毎食の「置き替え」と小さな習慣

白米を玄米に置き替えるといろいろな利点があります。玄米は食物繊維が豊富なので、血糖値が上がりにくく脂肪になりにくいこと。タンパク質がカラダに吸収されるときに必要なビタミンやミネラルも一緒に摂れること。何より主食を抜かなくていいのでストレスフリーです。また、調理法では蒸す料理をマスターしましょう。食材の栄養がギュッと閉じ込められたものをそのまま摂り込むことができますし、素材自体の味が楽しめます。

間食もガマンは禁物。むしろ、空腹の時間を作らないために、3時間ごとに食べることが理想です。腹持ちがよく、満足度の高いプロテインバー（P.42）がおすすめです。

毎日の習慣を少しだけエネルギー消費が高いほうに替えるのも効果的です。電車では座らずに立つ、エスカレーターを階段にする、これだけでも違います。バッグを腕を伸ばして持てば二の腕も引き締まります。食べたカロリーより消費カロリーが多ければ体重は絶対に落ちるので、摂取カロリーを抑え、消費カロリーを増やすよう意識しましょう。

すぐできる「ちょい替え」習慣

毎日積み重ねることが大きな結果につながる！

point

- 食べる回数と量は減らさず、栄養価のよいものに置き替え
- 今までより少しだけカラダを動かす気持ちが大事

MUSCLE BOOST EATING METHOD

4

ルーティンにすることで心理的負担を減らす

「今日何食べよう？」と悩まない食事メニューを作ろう

高タンパク低カロリーの食生活は、実はとてもシンプルです。始めると決めたら、考えなくてもできるように食べ方を決めてしまうことが、ラクに続ける秘訣です。

たとえば、1日2回は鶏むね肉を食べる。もう1食はほかの肉と魚を交互に。主食は玄米。卵とブロッコリーはゆでてストックする。開けてすぐ食べられるノンオイルのツナ缶、サバ缶を買っておく。間食用にプロテインバーを持ち歩く。小腹が空いたらナッツを食べるなどなど、今日は何食べよう？ と迷わないようにルーティンにしてしまうのです。これなら買い物も料理も、時間をかけずに実践できます。

僕も本来ズボラな性格なので、平日は自分でルーティンを作り、守っています。朝はプロテインと和菓子を摂り、7時にジムへ。トレーニング後はプロテインを摂取、鶏むね肉の朝食を食べて出社。昼、夜も店で試食を兼ね、鶏むね肉は必ず食べています。

ルーティンになれば3カ月はあっという間。気づけばカラダが変わっているはずです。

筋肉食堂 谷川俊平の1日

AM 5:30
起床
平日は毎朝この時間。短時間睡眠の日もスパッと起きます。

目覚めぱっちり！
AM 5:45
プロテインと和菓子を食べる
糖質のようかんは筋トレのエネルギーに欠かせません。

頭を使うことは朝にやる！
AM 6:00
読書
ビジネス書などは頭がクリアな朝の時間に。

どんなに眠くても行く！
AM 7:00
ジム
週に4日は必ず行きます。
鍛える場所は日替わりで
変えています。

AM 8:00
プロテインと朝ごはん
トレーニング後なのでプロテインと鶏むね肉で
タンパク質をしっかり補給！

AM 9:00
出社～デスクワーク
オフィスに出社。
パソコンでメールの返信や
発注などを済ませます。

鶏むね肉中心！
PM 12:00
ランチ
ランチも毎日鶏むね肉。
新しい味付けの試食や
食材チェックも兼ねて。

PM 1:00
午後の仕事
店を回ったり、新店の打ち合わせをしたり……。

PM 4:00
15分の昼寝
朝が早いのでこの時間帯にパワーナップをとります。

お酒も飲みます！
PM 7:00
帰宅・自由時間
ミーティングや会食など
人と過ごすときは
お酒もいただきます。

必ず30分湯船に！
PM 10:00
お風呂
神経を切り替えてよい睡眠を
とるために毎晩の入浴はマスト。

PM 11:00
就寝
睡眠モードにするため自宅は間接照明のみ。

point

- 食べる食材は買い物に行く前に決める
- 何時に何を食べるかを決めて食事をする

MUSCLE BOOST EATING METHOD

5

白身肉と赤身肉のコラボで若返る

高タンパクな食生活の主役、肉や魚でアンチエイジング

肉や魚には、ビタミンやアミノ酸が多く含まれており、それぞれにカラダを回復させたり、活性化したり、機能を向上させる働きがあることがわかっています。豚肉に多いビタミンB群や、鶏むね肉に多く含まれるイミダゾールペプチドは、疲労回復効果がありますし、牛肉に含まれる必須アミノ酸のひとつ、トリプトファンは通称、幸せホルモンと呼ばれるセロトニンを作る材料です。ラム肉に豊富なカルニチンがないと体内の脂肪は燃えませんし、サーモンの身の赤い色素であるアスタキサンチンは、抗酸化作用に優れており、アンチエイジング対策でも積極的に食べることを推奨されています。

筋肉食堂のメニューでも、鶏むね肉とサーモン、牛赤身肉のハンバーグと鶏もも肉など、ミックスグリルを出しています。高タンパクの食材を組み合わせて食べることで、カラダに必要な栄養素をバランスよく摂ることができ、続けていけばカラダがどんどん若返る、そんな効果も期待できます。

肉や魚の代表的な栄養素

いつも同じ内容の
食事だと……

栄養が偏り
不調になる

カラダに必要な栄養素がバランスよく摂れる!

- 豚肉　ビタミンB群 → 疲労回復
- 牛肉　トリプトファン → 幸せホルモンの材料
- 鶏むね肉　イミダゾールペプチド → 疲れにくいカラダに
- ラム肉　カルニチン → 脂肪燃焼
- サーモン　アスタキサンチン → アンチエイジング
- マグロ　タウリン → 肝機能向上
- サバ　DHA・EPA → 動脈硬化予防
- 豆腐　イソフラボン → 女性を美しく
- 卵　コリン → 記憶力向上

point

- 疲労回復、抗酸化作用に鶏肉、豚肉、サーモンが効く!
- 肉も魚もバランスよく食べれば若返り効果も

MUSCLE BOOST EATING METHOD

6

コスパ重視でいくなら卵から！

減量期の人は卵白だけを、通常は黄身ごと食べてもOK

毎日ステーキを食べるのは難しくても、卵なら誰でも毎日食べられると思います。卵は小さいながらもひとつで約7〜8gものタンパク質と、筋肉や血液、骨を作るのに働く9種類の必須アミノ酸がすべて含まれています。またP.35にあるように、記憶力アップを助けるコリンという栄養素を含んでおり、1日に2個食べれば、必要な量を摂取することができるのです。しかもコスパがよく、手軽に買えて、料理のバリエーションも豊富。卵を積極的に摂らない理由はありません。

以前は卵をたくさん食べるとコレステロール値が上がると言われていましたが、それを裏付ける実証実験は充分ではなく、現在では、あまり影響がないとされています。

卵の黄身には脂質が含まれているので、筋肉食堂では、卵白だけを使ったオムレツや、卵白のゆで卵を出していますが、厳密なダイエット目的でなければ、黄身を食べてもＯＫです。ただ、早くカラダを変えたい人は、黄身は省いたほうがいいでしょう。

コスパよし! 味よし! 卵の魅力

\ 卵の調理は無限大! /

ゆで卵

だし巻き卵

目玉焼き

オムレツ

キッシュ

茶碗蒸し

ココット

カラダの変化を早く実感したいときは
黄身をカットして白身だけを使う!

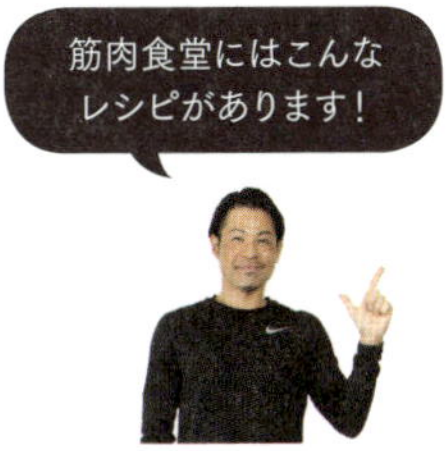

鶏ささみと卵白のホワイトオムレツ
▶ P.53へ

卵白山盛り
▶ P.65へ

蒸し鶏と卵白のサラダ
▶ P.73へ

point

- ◆ 卵ひとつでタンパク質は約7～8g
- ◆ 減量期は卵白のみ、それ以外は全卵でもOK

MUSCLE BOOST
EATING METHOD

7

たっぷり野菜でサビないカラダをゲット！

野菜の抗酸化作用で、より若々しいカラダ作りを

野菜はカロリーが少ないので安心して量を食べられますし、カサがあるので満腹感も得られます。根菜など糖質が多いものを除けば減量期の食べ物として外せないもの。筋肉食堂のサラダは1品で栄養面も満たすメガサイズです。

野菜は、タンパク質がカラダを合成するときに必要なビタミン、ミネラルが豊富で、抗酸化物質であるファイトケミカルを多く含み、カラダをサビさせる過剰な活性酸素を除去する働きがあります。活性酸素には免疫機能アップなどカラダに必要な働きもありますが、過剰になると生活習慣病を招いたり、老化を進めてしまいます。抗酸化作用のある野菜は体内の活性酸素のバランスをよくして、若々しいカラダ作りを手伝ってくれます。

昔に比べて含まれる栄養分が減っているといわれる野菜ですが、旬の野菜には依然として豊富な栄養価があります。1日の野菜摂取量の目標は350g。両手にいっぱいほどの量ですが、ほとんどの人が足りていませんから、意識して野菜を摂りましょう。

活性酸素と抗酸化成分

酸素を取り込むとその一部が活性酸素に変化

↓

活性酸素が細胞を傷つける

↓

疲労、老化、がんなどを引き起こす

抗酸化とは**「活性酸素を除去」**すること

主な抗酸化物質と食品

ビタミンC……ブロッコリー、パセリ、パプリカ、レモン、キウイ、カリフラワー など

ビタミンE……大豆、アーモンド、うなぎ、かぼちゃ、アボカド、パプリカ、ほうれん草 など

β-カロテン……にんじん、ほうれん草、しそ、パセリ、春菊、にら、豆苗、ルッコラ など

ポリフェノール……緑茶、紅茶、ココア、バナナ、ブルーベリー、赤ワイン、大豆、そば など

リコピン……トマト、すいか、ピンクグレープフルーツ、紫キャベツ、アスパラガス、パパイア など

point

- 芋類など糖質の多い根菜は控える
- 1日に必要な野菜の量は両手いっぱい350ｇ

MUSCLE BOOST EATING METHOD

8

お酒やスイーツとも上手に付き合う

ガマンし過ぎは禁物！　ストレスフリーになるコツ

僕自身、以前はかなりストイックに、お酒を飲むときは箸を割らないルールにしていました。しかし、過度なガマンはツライだけです。お酒の1杯2杯、ケーキの1切れ2切れで心が満たされるのであれば、食べてもいいと僕は思います。それよりも、気をつけたいのは食事がストレスになることです。ストレスを抱えてしまうと、コルチゾールという抗ストレスホルモンが分泌されます。これが厄介な存在で、コルチゾールが出ると血糖値が上昇し、カラダの中に脂肪を蓄えようとするので、肥満へまっしぐらなのです。

ただし、一度食べることを許してしまうと、2日、3日と続いてしまう人がいます。脳が「デブ」になり、食べグセがついてしまうと、おなかが減っていなくても、脳が食べ物を欲しがるのです。そうならないためには、「お酒もケーキも1回のみ、翌日は節制」を守ってください。白砂糖の代わりにカロリーゼロの甘味料を選ぶのも◎。食べてすぐには脂肪はつきません。食べたら2日間で総カロリーを調整すれば太ることはありません。

ストレスをためない４つのコツ

ストレスの種類は大きく2つ

身体的ストレス

長時間のデスクワークや満員電車の中で強いられる無理な姿勢から生じる目や肩、腰の疲れなど。

精神的ストレス

心配事が頭から離れない、誰かに言われたことが気になって眠れない、将来への漠然とした不安など。

ストレスがたまる → 血圧が低下する 不安が生じる → 抗ストレスホルモン「コルチゾール」が分泌

この コルチゾール が太る原因!!

理由 1 つい糖質やカロリーが高いものを食べてしまう

理由 2 ホルモンの働きでおなかまわりに脂肪をためようとする

理由 3 睡眠をさまたげることで食欲中枢が余計に刺激される

→ **無理をしないのが何より重要**

お酒は少しならOK！

パーティーや宴会での最初の1杯までガマンしなくても大丈夫。2杯目からは薄めのお酒に。

たまには麺類OK！

麺類が食べたくなったら、昼食などにそばを食べましょう。ラーメンは、月に1回程度ならOK。

砂糖の代わりにラカントSでOK！

ラカントSはカロリーゼロの甘味料。天然植物由来の甘み成分でできているので、カラダに安心です。

甘い飲み物ならゼロコークでOK！

清涼飲料水の中身は砂糖液なので、できるだけ避けてほしいですが、ガマンできないときはゼロコークを。

point

◆ 強いストレスを感じるまでガマンし過ぎない

◆ 爆食いに走らないよう適度に好きなものを食べる

{ COLUMN }

間食を工夫して空腹を作らない「血糖値コントロール」のコツ

食事は腹八分目を心がけて1日5〜7回に分けて食べる習慣を。

カラダが脂肪を蓄えるメカニズムには血糖値が関係しています。血糖値とは血液に含まれるブドウ糖の濃度。食事をして糖が消化吸収されると食後30〜60分で血糖値が上昇し、約2時間後に元に戻るのですが、この値が問題になります。

適正な血糖値は血液1dℓ中80〜120㎎。上限の120㎎を超えるとカラダは「満腹」の状態。必要以上にエネルギーが入ってきたと判断し、その分を脂肪に変えてしまいます。

では80㎎以下になるとどうなるか。カラダは「おなかが空いた」と感じて、何か食べたくなり、足りないエネルギーを作ろうと筋肉を分解しはじめます。

この「満腹」と「空腹」の時間を作らない食べ方が「1日5〜7回」です。おなかが空く前に食べる。1回の食事は腹八分目にする。そうすると、胃も小さくなるし、リバウンドもしにくくなるんです。

間食におすすめなのがプロテインバーやドリンク。おいしくて味の種類も増えているので、持ち歩いて、血糖値を上手にコントロールしてください。

おすすめ！

プロテインバー＆ドリンク

いつもバッグに数種類をイン。長時間の会議では合間に補給！ ❶ハレオ ブルードラゴン プロテインドリンク（タンパク質20g） ❷ザイテンバッハ プロテインバー グルテンフリー（タンパク質16g） ❸ONEバー チョコレートブラウニー風味（タンパク質20g） ❹プロフィット ささみプロテインバー レッドペッパー（タンパク質22g） ❺バーエックス プロテインバー チョコレートバー（タンパク質15g）

※この情報は掲載時点での情報です。商品が変更になる場合がありますので、公式サイトでご確認ください。
ハレオ（haleo.jp）/ ザイテンバッハ（fit-t-m.com）/ Oh Yeah! ONE（www.thinkgroup.co.jp）/ プロフィット（www.mrz.co.jp）/ バーエックス（www.dnszone.jp）

PART

3

THE BEST FOODS
FOR
YOUR BODY

筋肉食堂の大人気レシピ

世界一おいしいと自負する
鶏むね肉のステーキをはじめ、
筋肉食堂を代表する料理のレシピを
家庭用にアレンジしました。
忙しいときや疲れたときは、
市販の調味料なども上手に利用して
毎日楽しく作ってみてください。

調理の決まり

- □ 材料と作り方は1人分を基本としています。
- □ 計量スプーンは大さじ1が15ml、小さじ1が5mlです。
- □ 酢は米酢を使用しています。

※本書でアレンジしたレシピの栄養価を表示しています

リーズナブルなうえ、アレンジ無限大！

鶏肉のレシピ

毎日でも食べたい鶏肉。特にむね肉は最強の筋肉食材。
脂質の多い皮は必ず外して調理します。

火を入れすぎないのがやわらか仕上げのコツ

鶏肉は肉の中でも脂質が少なく、特に鶏むね肉とささみは高タンパク低脂肪の代表選手。ともに100g中タンパク質が23・3gと、もも肉の19gを引き離す含有量です。

パサつかせずにおいしく食べる秘訣は火の入れ方。店では業務用の調理器で蒸し焼きにしていますが、それを家庭用にアレンジしました。火は通っているのに刺身のようにみずみずしく、ぷるふわの食感に仕上がります。

鶏肉は味が淡白なので、ソースのアレンジが楽しめます。糖質を抑えるならシンプルに塩・こしょうやレモンで。パワーをつけたいときは、ガーリックやピリ辛ソースも◎です。

（使いたい食材）

むね肉

コスパも栄養バランスもよい、毎日食べたい最強食材。100g中タンパク質23.3g、脂質1.9g、116kcal。

ささみ

鶏むね肉の内側にある細長くやわらかい部分。100g中タンパク質23.3g、脂質わずか0.8g、105kcal。

もも肉

ささみやむね肉に比べ濃い味わいが魅力。100g中タンパク質19g、脂質5.0gはむね肉の2.6倍。127kcal。

DATA

エネルギー
299 kcal
糖質 …… 1.3g
脂質 …… 8.0g
タンパク質 …… 51.1g

No 01

鶏むね肉のステーキ

CHICKEN BREAST STEAK

しっとりジューシーで鶏むね肉のおいしさ再発見！

材料（1人分）

- 鶏むね肉……1枚（約200g）
- 塩・こしょう……各少々
- 米油……小さじ1

- もやし……60g
- ブロッコリー……2房
- ヤングコーン……1本
- スプラウト……適宜

1. もやし、ブロッコリー、斜め半分に切ったヤングコーンは軽くゆで、水気を切る。
2. 鶏むね肉は皮を取り除き、塩、こしょうをふる。そのまま常温になるまで置いておく。
3. 直径20㎝くらいのフライパンに②を入れ、水を1/3かぶるくらいまで加え、中火にかける。沸騰したら弱火にしてふたをし、5分ほど蒸す。火を止め、そのまま15分ほどおく。
4. フライパンに米油をひいて強火で熱し、③の両面に焼き目をつける。
5. 器に①を盛り、④をのせる。あればスプラウトを添える。

No 02 鶏むね肉の蒸しステーキ

STEAMED CHICKEN BREAST STEAK

材料（1人分）

鶏むね肉…………1枚（約200g）
塩………………………ひとつまみ

1. 鶏むね肉は皮を取り除き、塩をふる。そのまま常温になるまで置いておく。

2. ラップに包んで耐熱のチャック付きポリ袋に入れる。直径20㎝くらいの鍋に入れ、鍋の八～九分目まで水を加え、弱火で加熱する。中に泡が立ちはじめたら火を止めてふたをし、20～30分ほどおく。
（沸騰させないように注意。中に指を2～3秒間は入れられるくらいの温度にすること）

3. 蒸し鶏を5㎜厚さに切り、器に盛る。

タンパク質+ビタミンCで
最強のコンビ

TASTE A

塩レモン

塩………………………………1g
レモン……………………1/8個
スプラウト………………適宜

全体に薄く塩をふり、レモンを添える。
あればスプラウトをのせる。

DATA

エネルギー 238kcal
糖質……1.0g
脂質……3.9g
タンパク質……46.7g

コクのあるごまの味で
満足度アップ

TASTE B

ごま ドレッシング

A	白すりごま	大さじ1
A	ごま油	大さじ1
A	しょうゆ	小さじ1
A	酢	小さじ1
A	マヨネーズ	小さじ1
	スプラウト	適宜

ボウルにAを入れてよく混ぜ、小皿に入れて添える。あればスプラウトをのせる。

DATA エネルギー 431kcal
糖質 ···· 1.6g／脂質 ···· 23.9g
タンパク質 ···· 48.8g

梅干しのクエン酸効果で
筋トレの疲れも帳消し

TASTE C

梅＆みょうが

梅干し ······ 1個
みょうが ······ 1個

千切りにしたみょうがと、梅干しを添える。

DATA エネルギー 245kcal
糖質 ···· 2.2g／脂質 ···· 3.9g
タンパク質 ···· 47.0g

脂質の多い皮を除けばもも肉もヘルシーに

DATA

エネルギー
320 kcal
糖質 …… 4.8g
脂質 …… 14.2g
タンパク質 …… 39.0g

№03 皮なし鶏もも肉のステーキ

GRILLED SKINLESS CHICKEN LEGS

材料（1人分）

- 鶏もも肉 ……………… 1枚（約200g）
- 塩・こしょう ……………… 各少々
- 米油 ……………… 小さじ1

- たまねぎ ……………… 適量
- イタリアンパセリ ……………… 適量
- スプラウト ……………… 適量

1. 鶏もも肉は皮を取り除き、塩、こしょうをふる。そのまま常温になるまで置いておく。
2. フライパンに米油をひいて中火で熱し、①の皮があったほうを下にして入れ、3分焼く。ひっくり返してふたをし、弱火で3分焼く。火を止め、そのまま3分おく。
3. 器に盛り、薄切りにしたたまねぎ、イタリアンパセリ、スプラウトを添える。

No 04

皮なし鶏もも肉のしょうが焼き

GRILLED GINGER FLAVORED SKINLESS CHICKEN LEGS

材料(1人分)

- 鶏もも肉 …………… 1枚(約200g)
- 塩・こしょう …………… 各少々

A
- しょう油 …………… 大さじ1
- みりん …………… 大さじ1
- 酒 …………… 大さじ1
- しょうが(すりおろし) … 小さじ1

- しょうが …………… 1片
- たまねぎ …………… 1/8個
- 青じそ …………… 1枚

1. しょうがは千切り、たまねぎは薄切りにする。
2. 鶏もも肉は皮を取り除き、塩、こしょうをふる。そのまま常温になるまで置いておく。
3. ボウルにAを入れてよく混ぜ、②を入れて揉み込む。
4. フライパンにクッキングシートを敷き、③の皮があったほうを下にしてのせ、中火で3分焼く。ひっくり返してふたをし、弱火で3分焼く。火を止め、そのまま3分おく。
5. 肉を一度取り出し、③のタレを全部入れて中火で煮詰める。とろみがついてきたら肉を戻し、全体に絡める。
6. 青じそを敷いた器に盛り、たまねぎとしょうがを添える。

ピリッとしょうがが効いた
定番の味わい

DATA

エネルギー
363 kcal

- 糖質 …… 13.2g
- 脂質 …… 9.7g
- タンパク質 …… 45.9g

豆板醤でほどよい
辛みを足した
自慢のピリ辛ダレが決め手

DATA

エネルギー
361 kcal
糖質 ---- 13.1g
脂質 ---- 10.0g
タンパク質 ---- 46.5g

No 05

皮なし鶏もも肉のピリ辛ホットグリル

GRILLED SPICY HOT SKINLESS CHICKEN LEGS

材料（1人分）

- 鶏もも肉 ………… 1枚（約200g）
- 塩 ………… 少々
- 粗びき黒こしょう ………… 少々

ピリ辛ダレ

A
- にんにく（すりおろし）… 小さじ1/2
- しょうが（すりおろし）… 小さじ1/2
- 豆板醤 ………… 小さじ1/2
- みりん ………… 小さじ2〜3
- しょうゆ ………… 小さじ1
- みそ ………… 小さじ1/2
- 酒 ………… 小さじ1
- 酢 ………… 小さじ1/2

- もやし ………… 60g
- パプリカ（赤・黄） ………… 適量
- タイム ………… 適宜

1. もやしは軽くゆで、水気を切る。パプリカは細切りにする。
2. 鶏もも肉は皮を取り除き、塩をふる。そのまま常温になるまで置いておく。
3. ボウルにAを入れてよく混ぜ、②を入れて揉み込む。
4. フライパンにクッキングシートを敷き、③の皮があったほうを下にしてのせ、中火で3分焼く。ひっくり返してふたをし、弱火で3分焼く。火を止め、そのまま3分おく。
5. 肉を一度取り出し、③のタレを全部入れて中火で煮詰める。とろみがついてきたら肉を戻し、全体に絡める。
6. ①を敷いた器に盛り、あればタイムを添え、粗びき黒こしょうをふる。

No 06 皮なし鶏もも肉のスタミナガーリック焼き

GRILLED STAMINA GARLIC SKINLESS CHICKEN LEGS

材料（1人分）

- **鶏もも肉** ………… 1枚（約200g）
- **塩** ………… 少々
- **粗びき黒こしょう** ………… 少々
- A
  - **ペペロンチーノの素（パスタ用調味料として市販されているもの）** ………… 大さじ2
  - **ガーリックパウダー** 小さじ1/2
- **トレビス** ………… 適量
- **サニーレタス** ………… 適量

1. トレビスとサニーレタスは食べやすい大きさに切る。
2. 鶏もも肉は皮を取り除き、塩をふる。そのまま常温になるまで置いておく。
3. ボウルにAを入れてよく混ぜ、②を入れて揉み込む。
4. フライパンを中火で熱し、③の皮があったほうを下にして入れ、3分焼く。ひっくり返してふたをし、弱火で3分焼く。火を止め、そのまま3分おく。
5. 肉を一度取り出し、③のタレを全部入れて中火で煮詰める。とろみがついてきたら肉を戻し、全体に絡める。
6. 器に盛り、①を添え、粗びき黒こしょうをふる。

DATA

エネルギー
424 kcal

糖質 …… 5.7g
脂質 …… 21.8g
タンパク質 …… 46.1g

DATA

エネルギー
294 kcal
糖質 …… 7.0g
脂質 …… 9.4g
タンパク質 …… 42.0g

No 07

鶏むね肉と軟骨の豆腐入り おろしポン酢ハンバーグ

TOFU ADDED CHICKEN BREAST & CARTILAGE DAIKON PONZU HAMBURG STEAK

材料(1人分)

鶏むねひき肉 …… 100g
鶏軟骨 …… 80g
木綿豆腐 …… 20g
卵 …… 小1個
塩・こしょう …… 各少々

おろしポン酢(市販) …… 大さじ4

オクラ …… 2本
サニーレタス …… 適量
青じそ …… 1枚

1. レタスは食べやすい大きさに切る。オクラは塩でもみ、軽くゆでておく。
2. 木綿豆腐は水気を切り、鶏軟骨と一緒にフードプロセッサーに入れ、やや粗挽きになるくらいまで混ぜる。
3. ボウルに②と鶏むねひき肉、卵、塩、こしょうを入れ、粘り気が出るまでよく混ぜる。そのまま常温になるまで置いておく。
4. フライパンにクッキングシートを敷き、③を小判形になるよう整えながら入れ、中火で3分焼く。ひっくり返したらふたをして弱火にし、5分焼く。火を止め、そのまま5分おく。
5. 器に盛り、①を添え、青じそとおろしポン酢をのせる。

No 08

鶏ささみと卵白のホワイトオムレツ

CHICKEN LIGHT MEAT & EGG WHITE OMELET

材料（1人分）

- 鶏ささみ肉…… 2本（約140g）
- 卵白…………2個分（約80g）
- 絹豆腐……1/2丁（約150g）
- 液味噌……………… 大さじ2
- 米油……………… 小さじ2

- トマトソース（市販）………80g

- サニーレタス…………… 適量
- トレビス……………… 適量
- ドライパセリ…………… 少々

1. サニーレタスとトレビスは食べやすい大きさに切る。
2. 鶏ささみを火が通るまでゆで、筋を取り除いたら、1cm目安の角切りにする。絹豆腐は軽く水切りし、1cm角くらいに切る。
3. 卵白をホイッパーで角が立つまで攪拌する。
4. フライパンに②、液味噌を入れて中火で熱し、よくかき混ぜながらひと煮立ちさせる。
5. 22cmくらいのフライパンに米油をひいて中火で熱し、③を入れて広げたらふたをし、薄く焼き目がつくまで焼く。④を中央に置き、手早く包む。
6. 器に盛り、①を添える。温めたトマトソースをかけ、ドライパセリをふる。

DATA

エネルギー
466 kcal

糖質 …… 12.8g
脂質 …… 15.9g
タンパク質 …… 55.1g

卵白をとことん
泡立てればふわふわに

ミネラル豊富で、パワーアップに欠かせない！

牛肉のレシピ

今日は特別！　という日に思い切って塊でいただきたい牛肉。高タンパクはもちろん、レアで仕上げればうまみも最高です。

豪快な牛ステーキで活力増し増しに！

牛肉を摂るなら、脂質の少ない赤身肉を選びます。高級な霜降りよりヘルシーかつリーズナブルなのが赤身肉。カラダにガツっとパワーを入れたいときは、ぜひ奮発してステーキに挑戦してください。牛肉を食べると、肉のうまみによる満足感が得られるのはもちろん、カラダに肉のエネルギーがパワフルにみなぎるのを実感できると思います。

赤身肉は、貧血や冷え性の解消を促す鉄分が豊富で、カラダに吸収される割合は植物性鉄分の約7倍と優秀です。タンパク質を作る手伝いをする亜鉛も多く、筋肉を作る最強の組み合わせといえます。赤身肉は、アメリカンビーフやオージービーフなど輸入牛肉のほうが脂肪が少ないのでおすすめです。

（使いたい食材）

ヒレ

脂質が最も少なく高タンパクの部位で人気。100g中タンパク質23g、鉄分1.6mg、130kcal。

リブロース

サーロインに次ぐ高級部位。肉厚で味も濃厚。100g中タンパク質19.2g、鉄分1.7mg、217kcal。

ハラミ

横隔膜の一部で内臓だが、やわらかく美味。100g中タンパク質15g、鉄分3.2mg、300kcal。

※アメリカン・ビーフ：一般社団法人食肉科学技術研究所調べ／和牛：日本食品標準成分表2015年度版（七訂）より

No 09

牛リブロースステーキ

BEEF RIB ROAST STEAK

DATA

エネルギー 474 kcal

糖質 ---- 1.5g

脂質 ---- 35.5g

タンパク質 ---- 38.4g

材料（1人分）

牛リブロースステーキ用	200g
塩	2g
粗びき黒こしょう	2g
米油	小さじ1
ブロッコリー	2房
ヤングコーン	1本
ミニトマト	1個

1. 牛肉に塩、粗びき黒こしょうをふり、そのまま常温になるまで置いておく。
2. ミニトマトは半分に切る。ブロッコリーと斜め半分に切ったヤングコーンは軽くゆで、水切りしておく。
3. フライパンに米油をひいて中火で熱し、①を入れ、両面焼く。焼き時間は肉の厚さによって変えるのがベスト（1㎝の場合は片面1分、2㎝の場合は2分～2分30秒ほど）。
4. 器に盛り、②を添える。

ステーキを食べる充実感を味わおう

食べごたえと満足感がギュッと詰まった一皿

DATA

エネルギー
300 kcal
糖質 …… 1.9g
脂質 …… 13.3g
タンパク質 …… 45.0g

No 10 牛ヒレ赤身肉のステーキ

BEEF FILLET LEAN MEAT STEAK

材料（1人分）

- 牛ヒレ肉 …… 200g
- 塩 …… 2g
- 粗びき黒こしょう …… 2g
- 米油 …… 小さじ1
- クレソン …… 適量

ADVICE

レアもしくはミディアムレアで

牛肉の中でも特に高価な部位。火を通しすぎるとパサパサになってしまうので注意。中が赤いくらいがおいしいです。

1. 牛肉に塩、粗びき黒こしょうをふり、そのまま常温になるまで置いておく。
2. フライパンに米油をひいて中火で熱し、①を入れ、両面焼く。焼き時間は肉の厚さによって変えるのがベスト（1cmの場合は片面1分、2cmの場合は2分〜2分30秒ほど）。
3. 器に盛り、クレソンを添える。

No 11

牛赤身肉のローストビーフ

LEAN MEAT ROAST BEEF

材料（1人分）

- **牛赤身肉**……200g
- **塩**……2g
- **粗びき黒こしょう**……2g
- **ガーリックパウダー**……少々
- A
  - **たまねぎ**（すりおろし）……小1/4個分
  - **にんにく**（すりおろし）……小さじ1
  - **しょうゆ**……小さじ2
  - **みりん**……大さじ1
  - **酢**……小さじ1/3
- **スプラウト**……適量

1. 牛肉に塩、粗びき黒こしょう、ガーリックパウダーをふり、そのまま常温になるまで置いておく。
2. フライパンを強火で熱し、①を入れ、両面に焼き目をつける。好みにもよるが、片面につき20～30秒ほど焼く。
3. ラップに包んで耐熱のチャック付きポリ袋に入れる。直径20㎝くらいの鍋に入れ、鍋の八～九分目まで水を加え、弱火で加熱する。中に泡が立ちはじめたら火を止めてふたをし、5分ほどおく。
4. 取り出して冷まし、薄切りにする。器に盛り、混ぜ合わせたAをかけ、スプラウトを添える。

DATA

エネルギー
374 kcal

- 糖質……1.3g
- 脂質……13.3g
- タンパク質……59.6g

DATA

エネルギー
609 kcal
糖質 …… 9.1g
脂質 …… 47.2g
タンパク質 …… 30.9g

No 12

牛ハラミ肉の特製タレ焼き

BEEF HARAMI COOKED IN FINE SAUCE

材料（1人分）

- **牛ハラミ肉** …… 200g
- **ピリ辛ダレ**（P.50のA参照）
- **にんじん** …… 適量
- **アスパラガス** …… 適量

1. ボウルにピリ辛ダレを入れ、牛ハラミ肉を入れてよく揉む。そのまま常温になるまで置いておく。
2. にんじんとアスパラガスは軽くゆで、食べやすい大きさに切る。
3. フライパンにクッキングシートを敷き、①を入れ、両面に焼き目がつくまで中火で焼く。器に盛り、②を添える。

ADVICE

漬け込み時間で味が変わる！

タレに漬け込むことで、ハラミ肉独特のクセがおいしさに変化。より味を染み込ませたい場合は一晩おくとよいでしょう。

№13 牛赤身肉のハンバーグ

BEEF LEAN MEAT HAMBURG STEAK

材料（1人分）

A
- 牛赤身ひき肉……200g
- 卵……小1個
- 塩……2g
- こしょう……2g

クレソン……適量

スプラウト……適量

お好みのソース……適量

1. クレソンは食べやすい大きさに切る。
2. ボウルにAを入れ、粘り気が出るまでよく混ぜたら、小判形に成形する。
3. フライパンにクッキングシートを敷いて②を入れ、中火で3分焼く。ひっくり返したらふたをして弱火にし、5分焼く。火を止め、そのまま5分おく。
4. 器に盛り、小皿に入れたお好みのソースと①、スプラウトを添える。

つなぎは卵だけ！ ギュッと凝縮した味わいです

DATA

エネルギー
452 kcal

糖質……10.8g

脂質……19.9g

タンパク質……51.6g

切り身を選べば、時短料理で即食卓！

魚のレシピ

焼いたらすぐ食べられる手軽さがうれしい魚料理。
カラダを活性化する不飽和脂肪酸も豊富です。

トマトのリコピンで
美肌効果がさらにアップ！

脂質の少ない魚を選べばヘルシー間違いなし！

魚は肉類に劣らず高タンパクな食材です。カラダの酸化を防ぐ不飽和脂肪酸も豊富で、魚ごとに特徴的なカラダによい栄養素が満載です。

サーモンは、抗酸化物質のひとつである赤い色素成分、アスタキサンチンを含み、ダイエット＋美容効果も期待できるので、アスリートやモデルもよく食べています。マグロの赤身は牛や豚よりタンパク質が豊富。鉄分も多く、カラダの回復力を高めるタウリンやビタミンB_6も摂ることができます。淡白なメカジキは、鶏むね肉のようにアレンジしやすい魚。ここでは和風のさっぱりレシピを紹介しましたが、鶏むね肉のレシピも応用できるので試してみてください。

№ 14 厚切りサーモンのトマトソース味

THICK SLICED SALMON WITH TOMATO SAUCE

DATA

エネルギー
271 kcal
糖質 ---- 0.3g
脂質 ---- 14.0 g
タンパク質 ---- 32.9g

材料（1人分）

- **サーモン** …………………… 1切れ（約150g）
- **塩** …………………………………… 少々
- **米油** ………………………………… 小さじ1
- **トマトソース（市販）** …………………… 80g
- **イタリアンパセリ** ……………………… 適量

1. サーモンに塩をふって5分おく。キッチンペーパーで水気をしっかり拭き取る。
2. フライパンに米油をひいて強めの中火で熱し、①を皮目を下にして置き、1分焼く。弱火にしてふたをし、3分焼く。ふたをとって裏返し、強めの中火で1分焼いたら皮を取り除く。
3. 器に盛り、温めたトマトソースをかけ、イタリアンパセリを添える。

（ 使いたい食材 ）

サーモン

ずば抜けた栄養バランスで美容効果も期待できる。100g中タンパク質22.5g、脂質4.5g、139kcal。

マグロ

赤身は100g中タンパク質26.4g、脂質1.4g、125kcalと優秀。トロはカロリーが3倍なので注意。

メカジキ

クセがなく使いやすい、淡白な味の白身魚の代表的存在。100g中タンパク質18.3g、脂質6.7g、141kcal。

※産地や季節によって栄養素の含有量は変動します

DATA

エネルギー
397 kcal
糖質 …… 6.8g
脂質 …… 20.0g
タンパク質 …… 42.6g

魚の中では抜群のさっぱりした肉質

№ 15 メカジキの和風おろしポン酢

JAPANESE DAIKON PONZU FLAVORED SWORDFISH

材料（1人分）

- **メカジキ** ……………… 3切れ（約210g）
- **塩・こしょう** ……………………… 各少々
- **米油** ………………………………… 小さじ1

- **おろしポン酢**（市販）………… 大さじ4
- **ディル** ……………………………… 適量

1. メカジキは水気をよく切り、塩、こしょうをふって5分おく。キッチンペーパーで水気をしっかり拭き取る。
2. フライパンに米油をひいて強めの中火で熱し、メカジキを入れて2分焼く。裏返して、2分焼く。厚みがある場合は、火を止めてふたをし、そのまま1～2分おく。
3. 器に盛り、小皿に入れたおろしポン酢とディルを添える。

ADVICE

魚は火の通し加減を見極めて！

魚の火の通りが心配な人は焼き時間を長くするのではなく、火を止めたあと、ふたをして1～2分長めにおいてみて。

No 16

マグロステーキのジェノベーゼソース

TUNA STEAK GENOVEZE SAUCE

材料（1人分）

- マグロ（刺身用）……200g
- 塩・こしょう……各少々
- 米油……小さじ1
- ジェノベーゼソース（市販）……30g

ADVICE

表面の色が変わればOK！

マグロは刺身用を使っているので、完全に火を通さなくても大丈夫。周りに焼き色がついたらすぐに取り出しましょう。

1. マグロは水気をよく切り、塩、こしょうをふる。キッチンペーパーで水気をしっかり拭き取る。
2. フライパンに米油をひいて強めの中火で熱し、マグロの両面をさっと焼く。好みにもよるが、中心がピンク色になっている状態がベスト。
3. ②を1cm厚さに斜め切りする。
4. 器に盛り、ジェノベーゼソースを添える。

DATA

エネルギー
379 kcal

糖質……0.8g
脂質……26.6g
タンパク質……54.5g

ジェノベーゼソースと
合わせてイタリアン風に

食べる量を減らさず総カロリーを抑える

主食と置き替え主食

主食ゼロではなく「置き替え」でより健康に

カラダを変えたかったら、白米を玄米に置き替えるだけでも結果は出ます。玄米がいいのは、食物繊維が摂れること、ビタミンやミネラルが豊富なこと、それから、食後にどのくらい血糖値が上がるかを表すグリセミック指数（GI値）が低いので、脂肪が蓄積しにくいことです。

減量期は、山盛りのキャベツや卵白を主食の代わりに。キャベツは一皿150gで35㎉。カサがあるので満腹感も得られます。卵白は脂質ゼロ、タンパク質は卵1つで4・4g。山盛り食べても安心です。ブロッコリーは、筋肉を作るテストステロンを増やすので、アスリートに欠かせない食材。サイドメニューにもイチ押しです。

白米なら小鉢に軽く1杯

精米された白米は血糖値が上がりやすいので少量に

DATA

エネルギー 84kcal

糖質 …… 18.4g

脂質 …… 0.2g

タンパク質 …… 1.3g

DATA

エネルギー 165kcal

糖質 …… 34.2g

脂質 …… 1.0g

タンパク質 …… 2.8g

玄米なら小さめお茶碗に軽く1杯

食物繊維が多いので早食いせずゆっくりよく噛んで

ブロッコリー山盛り でビタミン強化

レモンの1.2倍のビタミンCで
カラダを回復

DATA
エネルギー 50kcal
糖質 …… 1.2g
脂質 …… 0.8g
タンパク質 …… 6.5g

タンパク質を増やすなら 卵白山盛り(→P.73)

意外とクセになるゆで卵白はおやつにも

DATA エネルギー 60kcal
糖質 …… 0.5g／脂質 …… 0.1g
タンパク質 …… 13.6g

置き替えの定番 キャベツ山盛り

肉食のお供として
胃腸の調子を整える

DATA
エネルギー 58kcal
糖質 …… 8.5g
脂質 …… 0.5g
タンパク質 …… 3.3g

抗酸化物質・食物繊維・ビタミン・ミネラルの宝庫

野菜のレシピ

食事コントロールの中で彩りになるのが野菜。
カラダにいい理由を知って
いろいろな種類を積極的に摂りましょう。

糖質の多い根菜類は控えつついろいろな種類を食べよう

野菜に含まれるビタミンは、糖質や脂質のようにエネルギーにはなりませんが、カラダの調整に欠かせません。カラダに蓄積されない水溶性ビタミンのBとCは、葉野菜や果菜に多い栄養素。ビタミンCは果物にも多いのですが、野菜ならカロリーの心配なく摂取できます。

肉料理による便秘が気になる人は、野菜で食物繊維を摂りたいところ。主食の置き替えにも活躍するキャベツやブロッコリーがおすすめです。

カラダのサビの原因物質を除去する抗酸化物質を多く含むのも野菜。トマトのリコピン、ブロッコリーのスルフォラファン、パプリカのカプサンチンなどいろいろな野菜から摂取するとよいでしょう。

キャベツ

**胃腸を整え
ビタミンCも豊富**

胃を守るキャベジン(ビタミンU)、ビタミンCを含み、繊維質もたっぷり。100gで23kcalと低カロリー。

トマト

**老化を防いで
美肌に導く**

強力な抗酸化力を持つリコピンとビタミンE、Cも豊富で美肌効果も期待できる。糖度の高いものに気をつけよう。

ブロッコリー

**抗酸化＋
免疫力向上にも**

抗がん作用のあるスルフォラファンや抗酸化物質のルテインやケルセチンなど、カラダを若々しく保つ栄養素がそろう。

アスパラガス

**疲れを取り
カラダを若々しく**

疲労物質の乳酸を分解し、スタミナを増強するアスパラギン酸が特徴。老化防止に効果的な成分が豊富。

パプリカ

**鮮やかな色素が
活性酸素を撃退**

赤やオレンジの色素はカプサンチンという抗酸化成分。β-カロテン、ビタミンCとともに活性酸素を除く効果がある。

にんじん

**細胞のサビ落とし
効果が断トツ**

老化をくい止める抗酸化物資であるβ-カロテン、α-カロテンの含有量が野菜でもトップ。皮膚や粘膜によい効果も。

たまねぎ

**疲れをとり除き
血液をサラサラに**

涙を出させる硫化アリルは血栓予防やコレステロールのバランスを整え、体内に入ると疲労回復物質としても活躍。

キウイ

**肉料理との
組み合わせは抜群**

1個で1日分のビタミンCが摂れる。タンパク質分解酵素のアクチニジンが消化を助け、クエン酸が乳酸を分解。

ピーマン

**毛細血管を丈夫にし
活性酸素対策も**

緑ピーマンのクロロフィルはコレステロール値を下げてくれる。独特の香り成分ピラジンは血液サラサラ効果あり。

No 17 メガボウルチョップドサラダ

CHOPPED SALAD MEGA BOWL

材料（1人分）

A
- サラダ用ミックス野菜（サニーレタス、水菜、小松菜など）……240g
- ブロッコリー……4房
- ミックスベジタブル……50g
- ミックスビーンズ……20g
- 粉チーズ……20g

ミックスナッツ……5g

1. サラダボウルにAとBを入れ、さっと混ぜ合わせる。
2. ①にCを均等にのせ、砕いたミックスナッツを散らす。

ADVICE

サラダの野菜は、そのときにスーパーなどで手に入る旬の野菜を使うのがベスト。お好みの旬の野菜にトッピングやドレッシングをアレンジすれば、毎日でも食べたくなるはずです。

TASTE A

塩レモンの場合

B
- レモン汁……1/2個分
- 塩……ひとつまみ
- オリーブオイル……大さじ2

C
- カッテージチーズ……大さじ2
- きゅうり（1cm角）……1/4本分
- ミニトマト（薄切り）……1個分
- パプリカ（赤・黄）（細切り）……適量
- キクラゲ（水で戻す）（細切り）……適量

DATA

エネルギー 543kcal

糖質……24.3g／脂質……36.3g

タンパク質……23.4g

深みのあるバルサミコ酢に
ハマる人続出！

TASTE B

バルサミコの場合

B
- バルサミコ酢……大さじ1
- オリーブオイル……大さじ2
- しょうゆ……小さじ1

C
- たまねぎ（薄切り）……適量
- マッシュルーム（薄切り）…2個分
- パプリカ（赤・黄）（細切り）…適量

DATA
エネルギー 525kcal
糖質…25.7g／脂質…34.9g
タンパク質…20.2g

こってりめにいきたい日は
ごまドレッシングで決まり！

TASTE C

ごまドレの場合

B
- 白すりごま、ごま油…各大さじ2
- しょうゆ、酢、マヨネーズ……各小さじ2

C
- ラディッシュ（薄切り）…1～2個分
- アボカド（薄切り）……適量
- パプリカ（赤・黄）（細切り）…適量

DATA
エネルギー 696kcal
糖質…23.3g／脂質…53.4g
タンパク質…23.7g

DATA

エネルギー
313 kcal
糖質 …… 31.8g
脂質 …… 9.7g
タンパク質 …… 17.7g

ピリ辛野菜のたまねぎとラディッシュが相性◎

No 18

ローストビーフサラダ

ROAST BEEF SALAD

材料（1人分）

- ローストビーフ（P.57参照）……… 50g
- サラダ用ミックス野菜（サニーレタス、水菜、小松菜など）……… 240g
- たまねぎ ……… 50g
- ミニトマト ……… 2個
- ラディッシュ ……… 1個
- クレソン ……… 1束
- スプラウト ……… 5g
- A
  - P.57のAのソース
  - 冷凍わさび ……… 10g

1. たまねぎとラディッシュは薄切りにする。ミニトマトは半分に切る。クレソンは食べやすい大きさに切る。ローストビーフは薄切りにする。
2. サラダボウルにAを入れ、よく混ぜる。
3. ②にサラダ用ミックス野菜を入れ、さっと混ぜ合わせる。
4. 器に盛り、①を均等に飾りつけ、スプラウトを散らす。

Nº 19

季節の20品目野菜とチキンのパワーサラダ

20 SEASONAL VEGGIES WITH STAMINA CHICKEN SALAD

DATA

エネルギー 606 kcal
糖質 …… 39.5 g
脂質 …… 23.8g
タンパク質 …… 51.3g

材料（1人分）

皮なし鶏もも肉のステーキ（P.48参照）……1枚（約200g）

A
- サラダ用ミックス野菜（サニーレタス、水菜、小松菜など）……240g
- お好みのドレッシング……60mℓ
- パルメザンチーズ……小さじ1

B
- クレソン……2本
- ミニトマト……2個
- うず巻きビーツ（薄切り）……4枚
- 紫だいこん（薄切り）……4枚
- アボカド（薄切り）……1/4個分
- カリフラワー……3房
- ブロッコリー……4房
- ごぼうの煮物（乱切り）（市販）……50g
- 菜の花……3本
- かぶ……1/2個
- たけのこの土佐煮（市販）……75～85g

C
- ラディッシュ（薄切り）……2個分
- スプラウトミックス……20g
- ミックスナッツ（細かく砕く）……5g
- エディブルフラワー……少々

1. ミニトマト、菜の花、かぶ、鶏肉は食べやすい大きさに切る。
2. 菜の花は軽く下ゆでする。かぶはさっと下ゆでしたあと、アボカドと一緒にフライパンで軽く焦げ目がつくまで焼く。
3. サラダボウルにAを入れ、さっと混ぜ合わせる。
4. 器に盛り、Bと鶏もも肉を均等に飾りつける。バランスを見ながらCを散らす。

栄養をたっぷり含んだ
旬の野菜をそろえて

ツナ缶でパッと作れて大満足！

DATA

エネルギー
94.9 kcal
糖質……8.2g
脂質……1.9g
タンパク質……12.1g

№20 ノンオイルツナ＆海藻サラダ

NON OIL TUNA & SEAWEED SALAD

材料（1人分）

- ツナ缶（ノンオイル）……40g
- 海藻ミックス……30g
- サラダ用ミックス野菜（サニーレタス、水菜、小松菜など）……50g
- A
  - のりの佃煮……小さじ1
  - めんつゆ（3倍濃縮）……小さじ1
  - 酢……小さじ1
- 白ごま……少々

1. ツナ缶は汁気を切る。海藻ミックスは塩分を洗い、水気を切る。
2. 器にサラダ用ミックス野菜、海藻ミックス、ツナの順に盛りつける。
3. 混ぜ合わせたAを全体に回しかけ、白ごまをふる。

No 21

蒸し鶏と卵白のサラダ

STEAMED CHICKEN & EGG WHITE SALAD

材料（1人分）

鶏むね肉の蒸しステーキ（P.46参照）……約100g

卵白……1個分

サラダ用ミックス野菜

（サニーレタス、水菜、小松菜など）……50g

A
- **青じそ**（みじん切り）……1〜2枚分
- **しょうゆ**……大さじ1
- **酢**……大さじ1

ミックスナッツ……3g

1. 鶏むね肉の蒸しステーキは薄切りにする。卵白はシリコンのクッキー型に流し込み、家庭用蒸し器で固まるまで蒸し、サイコロ状に切る。
※ゆで卵を作り、白身部分だけをカットしてもOK！

2. 器にサラダ用ミックス野菜を盛り、①をのせ、混ぜ合わせたAを回しかけ、砕いたミックスナッツを散らす。

減量期に食べたいハイプロテインサラダ

DATA

エネルギー
193 kcal

糖質……4.8g
脂質……6.8g
タンパク質……29.4g

野菜を無理なくたくさん食べられる
「温野菜」のすすめ

食事の彩りを楽しみながら栄養素を残さず吸収！

野菜を蒸したりホイル焼きにしたりする調理法は、ゆでるよりも野菜のビタミン類が失われません。カサが減るので生野菜より量が食べられる利点もあります。

野菜に含まれるビタミンA、E、D、Kは脂溶性。油で調理すると吸収率がよくなるので、温野菜プレートのようにソテーもおすすめ。油は米油など燃焼しやすいものを選ぶとベストです。

繊維質が豊富なきのこもタンパク質と一緒に食べたい食材。加熱するとカサが減りうまみも凝縮します。ホイル焼きは調理も簡単です。

DATA

エネルギー
396 kcal
糖質 …… 21.8g
脂質 …… 28.5g
タンパク質 …… 7.5g

焼きアボカドが
クセになる野菜のグリル

No 22 温野菜プレート

STEAMED VEGETABLES PLATE

材料（1人分）

- ブロッコリー ……… 3房
- にんじん ……… 40g
- ヤングコーン ……… 1本
- オクラ ……… 3本
- かぶ ……… 1/2個
- 長ねぎ ……… 1/3本
- マッシュルーム ……… 3個
- ミニトマト ……… 2個
- アボカド ……… 1/2個
- トマトソース（市販） ……… 100g
- こしょう ……… 少々
- 米油 ……… 大さじ2

1. にんじん、オクラ、ヤングコーン、ブロッコリー、かぶは、軽く下ゆでして水気を切る。
2. にんじんは5㎜厚さの薄切り、オクラは縦半分に切り、ヤングコーンと長ねぎは斜め切り、かぶはくし形切り、アボカドは薄切りにする。
3. フライパンに米油をひいて中火で熱し、マッシュルーム、ミニトマト、長ねぎ、アボカドを入れ、軽く焼き目をつける。
4. トマトソースを温めて器に広げ、すべての野菜をバランスよく盛り、こしょうをふる。

№ 23

きのこのホイル焼き

GRILLED MUSHROOMS IN FOIL

食物繊維がたっぷりで
低カロリーのきのこを活用

DATA

エネルギー 89 kcal
糖質 …… 12.9g
脂質 …… 0.8g
タンパク質 …… 6.9g

材料（1人分）

きのこミックス（えのき、しめじ、まいたけなど）	100g
もやし	100g
キャベツ	50g
長ねぎ	50g
おろしポン酢（市販）	60g
水	20㎖

1. きのこは手で食べやすい大きさに裂く。キャベツは千切りに、長ねぎは小口切りにする。
2. フライパンにアルミホイルを敷き、もやし、キャベツ、きのこミックスの順に山になるように盛る。
3. 中央におろしポン酢をのせ、水をかける。
4. アルミホイルで覆って中火にかけ、5分ほど蒸し焼きにする。
5. 中まで火が通ったら、覆っていたアルミホイルを外して器にのせ、長ねぎをのせる。

低カロリーで満足感いっぱい！

おすすめおつまみ

実は、和食のおつまみは低カロリー高タンパクメニューがいっぱい。
ささみや鶏むね肉を使った、粋な逸品で晩酌しちゃいましょう。

DATA

エネルギー
114 kcal

糖質 …… 5.8g
脂質 …… 1.0g
タンパク質 …… 18.4g

表面に焦げ目をつけて香ばしく！

お手本はそば屋と焼き鳥屋のつき出しです

お酒のおつまみには低カロリーのメニューがいろいろあります。鶏のささみを香ばしく仕上げた鶏ささみのスライスは、焼き鳥屋やそば屋で出てきそうなさっぱりメニュー。ほかにも、ゆでた鶏ささみや鶏むね肉を梅やキムチで和えれば、ダイエット中でなくても食べたくなる一品ができあがります。

食事としてささみを食べるのはちょっと寂しい気がするかもしれませんが、低温でじっくりと火を通したささみスティックをソースと一緒に並べて出せば、3本くらいはあっという間に食べられます。

お酒はいくら低カロリーのものを選んでも、食欲を増進させるので、調理に油を使わないことがポイントです。

使いたい食材

キムチ

発酵食品のキムチ。タンパク質の分解を促進し、辛み成分のカプサイシンには脂肪燃焼を促進する働きがある。

鶏むね肉

淡白でアレンジしやすいむね肉は濃い調味料とも好相性。ひと口サイズに切って出せば、満足感もアップ。

鶏ささみ

ひと口サイズにしやすくつまみにぴったりのささみ。梅肉和えのほか、わさび和えや梅しそ和えもおすすめ。

No 24 鶏ささみのあぶり

CHICKEN LIGHT MEAT FILLET

材料（1人分）

- 鶏ささみ肉……1本（約70g）
- たまねぎ……50g
- 塩……5g
- A
  - にんにく（すりおろし）……1片分
  - しょうが（すりおろし）……1片分
  - レモン（薄切り）……1枚
  - スプラウト……3g
- 青じそ……2枚
- しょうゆ……適量

1. たまねぎは薄切りにする。レモンは半分に切り、切れ目を入れておく。
2. 直径20㎝くらいの鍋に八～九分目くらいまで水を入れ、鶏ささみを入れて中火にかけ、ときどき混ぜながら沸騰させる。沸騰したら火を止め、そのまま3～5分おく。
3. ②に塩をふり、家庭用ガスバーナーで全体に焼き目がしっかりつくまであぶる。鶏ささみの筋を取り除き、削ぎ切りにする。
4. 器にたまねぎと青じそをのせて③を盛り、Aと小皿に入れたしょうゆを添える。

DATA

エネルギー
127 kcal
糖質 …… 4.8g
脂質 …… 2.7g
タンパク質 …… 17.6g

キムチと鶏肉を
1対1で
和えるだけで完成

№25 鶏むね肉のキムチ和え

CHICKEN BREAST & KIMUCHI MÉLANGE

材料（1人分）

- 鶏むね肉のステーキ（P.45参照）…… 約60g
- キムチ …… 65g
- キャベツ …… 適量
- スプラウト …… 適量

ADVICE

キムチは好きなものでOK！

キムチはメーカーによって味も素材も違います。辛いもの、酸っぱいものなどさまざま。お好みのものを使ってください。

1. キャベツは千切りにする。キムチは食べやすい大きさに切る。
2. 鶏むね肉のステーキは、繊維に沿ってできるだけ細く裂く。
3. ボウルに②とキムチを入れ、混ぜ合わせる。
4. 器にキャベツをのせて③を盛り、スプラウトを添える。

No 26

鶏ささみの梅肉和え

CHICKEN LIGHT MEAT & PLUM PULP MÉLANGE

材料（1人分）

- **鶏ささみ肉** ……… 3本（約210g）
- **梅肉** ……… 20g
- **きゅうり** ……… 20g
- **キクラゲ**（水で戻す） ……… 20g
- **スプラウト** ……… 3g

ADVICE

**ささみはふんわり
やわらか仕上げ！**

ささみは余熱で火を通します。すると、ふんわりやわらかな食感に。きゅうりの硬さとのコントラストが楽しいです。

1. きゅうりは食べやすい大きさに切る。キクラゲは細切りにする。梅肉は細かく切る。
2. 直径20cmくらいの鍋に八〜九分目くらいまで水を入れ、鶏ささみを入れて中火にかけ、ときどき混ぜながら沸騰させる。沸騰したら火を止め、そのまま3〜5分おく。
3. ②は筋を取り除いて1cm幅に切る。このとき、中が生だったら再度火にかけ、火の通り具合を調整する。
4. ボウルに①と③を入れ、梅肉が全体に回るように混ぜる。器に盛り、スプラウトを添える。

梅肉で食欲アップ！　暑い季節のタンパク質補給に

DATA

エネルギー
254 kcal

糖質 …… 2.2g
脂質 …… 2.5g
タンパク質 …… 52.3g

DATA

エネルギー
255 kcal

糖質……3.1g
脂質……2.5g
タンパク質……51.9g

ストイックなタンパク質おやつ！

№27 鶏ささみスティック

CHICKEN LIGHT MEAT STICKS

材料（1人分）

- 鶏ささみ肉……3本（約210g）
- ゆずこしょう……少々
- トマトケチャップ……少々
- 練り辛子……少々

1. 直径20㎝くらいの鍋に八～九分目くらいまで水を入れ、鶏ささみを入れて中火にかけ、ときどき混ぜながら沸騰させる。沸騰したら火を止め、そのまま3～5分おく。
2. ①は筋を取り除いて斜め半分に切る。このとき、中が生だったら再度火にかけ、火の通り具合を調整する。
3. 器に盛り、ゆずこしょう、トマトケチャップ、練り辛子を添える。

ADVICE

ささみは新鮮なものを使って！

ささみは当日中にさばいた新鮮なものを使うこと。変なくさみや味のクセなどがないため、おいしく食べられます。

{ COLUMN }

「太るお酒」「太らないお酒」を見極めてストレスを効果的に解消！

ダイエットの成功にはストレスが一番の敵。宴会もあきらめずに、賢くお酒を選ぼう。

「太るお酒」は糖質が多くカロリーが高いお酒で、日本酒やビールなどの醸造酒。「太らないお酒」は焼酎やウイスキー、ウオッカなどの蒸留酒。糖質が少なく低カロリーで見た目もクリアです。これらはアルコール度数が高いので、一般的には割って飲みます。

ハイボールはウイスキーを0㎉のソーダで割ったもの。レモンサワーも焼酎とソーダとレモンで、シロップを入れなければ低カロリーです。一般的な糖質カットビールも1杯目だけならOKです。

ワインは、赤と白なら赤のほうが糖質が少なく、辛口になるほど低糖質です。筋肉食堂で人気の1杯が、スペインのカクテル、カリモーチョ。本場では、赤ワインをコーラで割りますが、筋肉食堂はゼロコークで割った低カロリー版。ぜひ味わってみてください。

低糖質アルコールの定番

ジンジャーハイボール

糖質0.0g／49kcal

ビール党の人だって安心

糖質カットビール

糖質0.0g／30kcal

レモンのビタミンCも摂れる

生搾りレモンサワー

糖質1.1g／59kcal

赤ワイン＋ゼロコーク

カリモーチョ

糖質0.3g／37kcal

※糖質、カロリーともにすべて100mlあたりのものです

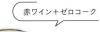

マッチョじゃなくても、気軽にタンパク質！

プロテインパウダー

トレーニング後のタンパク質摂取のほか、スイーツの置き替えにも。チョコレート味やいちご味がカラダを喜ばせてくれます。

トレーニングのおともに プロテインパウダー

プロテインパウダーはタンパク質が主成分の補給食品。アスリートなど特別カラダに気をつけている人が摂るものというイメージがありますが、日本人はタンパク質の摂取量が一般的に足りないので、プロテインパウダーで補給することがもっと当たり前になってほしいと思います。

プロテインパウダーには、卵白や牛乳、大豆由来のものがありますが、最も栄養価が高いのが、乳製品を作るときにできるホエイ（乳清）由来のもの。BCAAと呼ばれるアミノ酸が豊富に含まれており、筋肉を維持し、持久力をアップ。集中力も高めてくれます。

ご紹介するスムージーやアサイーボウルなど、気軽に摂りやすいメニューで試してみてください。

pick up

(SMOOTHIE プロテイン+スムージー)

トレーニングの後、タンパク質は30分以内に摂取したいところ。
ジムから直帰して手早くミキサーで作れるのがプロテインスムージー。
好きな味のプロテインパウダーでアレンジしてみましょう。

ビタミンたっぷり!

DATA

エネルギー
206 kcal

糖質 …… 17.8g
脂質 …… 5.0g
タンパク質 …… 22.6g

№28 ミックスベリースムージー

MIXED BERRY SMOOTHIE

材料（1人分）

- 低脂肪牛乳 …… 250mℓ
- ミックスベリー …… 20g
- プロテインパウダー（いちご味）…… 20g
- 氷 …… 2個

1. 材料すべてをミキサーに入れ、ダマがなくなるまで攪拌する。

ADVICE

プロテインパウダーはお好みで選んで！

プロテインパウダーにはさまざまな風味がありますが、どれも効果は同じ。好きな素材と組み合わせて作ってみて。

ARRANGE A

バナナスムージー

（1人分）

バナナ	1/2本
プロテインパウダー（バナナ味）	20g
低脂肪乳	250mℓ
氷	2個

材料すべてをミキサーに入れ、ダマがなくなるまで攪拌する。

DATA　エネルギー 233kcal
糖質 …… 26.0g ／脂質 …… 5.1g ／タンパク質 …… 23.0g

バナナの甘みがたまらない
人気のスムージー

ARRANGE B

グリーンスムージー

（1人分）

- 小松菜……1株
- ほうれん草……1株
- りんご……1/6個
- プロテインパウダー（バニラ味）……20g
- 水……50mℓ
- 氷……2個

材料すべてをミキサーに入れ、ダマがなくなるまで攪拌する。

DATA　エネルギー 113kcal
糖質……7.2g／脂質……2.9g／タンパク質……14.9g

ビタミンCと鉄分も
摂取できる
ヘルシーミックス

まるでデザート感覚！
マロンの味わいに
満足の一杯

ARRANGE C

マロンスムージー

（1人分）

- マロンピューレ……50g
- 低脂肪乳……250mℓ
- プロテインパウダー（バニラ味）……20g
- 氷……2個

材料すべてをミキサーに入れ、ダマがなくなるまで攪拌する。

DATA　エネルギー 243kcal
糖質……26.9g／脂質……5.5g／タンパク質……23.2g

pick up

(ACAI BOWL)
プロテイン+アサイーボウル

スーパーフードで注目のアサイーはポリフェノールや鉄分、
食物繊維が豊富で、疲労回復や抗酸化作用が期待できます。
フルーツ＋プロテインパウダーで、栄養価の高いバランス食に。

朝食にもぴったり！

DATA

エネルギー
330 kcal
糖質 …… 60.3g
脂質 …… 12.5g
タンパク質 …… 19.4g

No 29
プロテインアサイーボウル
ACAI BOWL WITH PROTEIN

材料（1人分）

A
- 冷凍アサイー ……100g
- 低脂肪牛乳 ……90mℓ
- 氷 ……4個
- プロテインパウダー（いちご味） ……20g

グラノーラ ……15g

［トッピング］
- バナナ（薄切り） ……1/2本分
- りんご（薄切り） ……1/8個分
- ミックスベリー ……大さじ1〜2
- スペアミント ……1枚

1. ミキサーにAを入れ、全体が混ざるまで攪拌する。
2. 器にグラノーラを敷き、①を入れる。
3. バナナ、りんご、ミックスベリーをバランスよくのせ、スペアミントを添える。

女性ホルモンを活性化してくれるざくろパワーで美容効果も

ARRANGE A

with ざくろ

［トッピング］

バナナ……1/2本
りんご……1/8個
ざくろ……2個
スペアミント(千切り)
……1枚分

DATA

エネルギー 428kcal
糖質 …… 90.7g／脂質 …… 12.5g
タンパク質 …… 19.7g

ビタミン&ミネラルの宝庫、ドラゴンフルーツで栄養強化

ARRANGE B

with ドラゴンフルーツ

［トッピング］

バナナ……1/8本
りんご……1/8個
ドラゴンフルーツ……1個
スペアミント……3枚

DATA

エネルギー 420kcal
糖質 …… 77.6g／脂質 …… 13.3g
タンパク質 …… 22.6g

※今回はアレンジとしてざくろやドラゴンフルーツを紹介しましたが、キウイ、パイナップル、いちごなど手に入りやすい季節のフルーツをのせてアレンジしてみて！

ACAI BOWL
ARRANGE

pick up

CHIFFON CAKE

プロテイン+シフォンケーキ

糖質、脂質が低い材料を使えば、ふわふわのシフォンケーキも
低カロリーで作れます。プロテインパウダーを足せば栄養価もアップ。
甘みはラカントSのほか、パルスイートでもOKです。

DATA

エネルギー
211 kcal

糖質……11.5g
脂質……12.4g
タンパク質……8.3g

№ 30

プロテインシフォンケーキ

CHIFFON CAKE WITH PROTEIN

材料（直径18cmのシフォンケーキ型1台分）

- **糖質50%オフのスイーツ粉（市販）**……60g
- **低脂肪牛乳**……45ml
- **米油**……45ml
- **プロテインパウダー**（バニラ味）……20g
- **卵**……4～5個
- **ラカントS**……36g

- **ミックスベリー**……適量
- **スペアミント**……1枚

1. 卵は卵黄と卵白に分ける。卵黄、低脂肪牛乳、米油、プロテインパウダーをボウルで混ぜ、ふるったスイーツ粉を加えて混ぜる。
2. 卵白をホイッパーで八分立てくらいまで泡立てる。その際、ラカントSを3回に分けて入れながら混ぜる。①を加え、さっくりと混ぜ合わせる。
3. 米油（分量外）を塗った型に流し込み、型を持ち上げて軽く数回叩きつけて空気を抜いたら、180度に温めたオーブンで15分焼く。扉は開けずに温度を170度に下げ、さらに15分焼く。焼きあがったら網などの上に逆さまにのせ、完全に冷ましてから取り出す。
4. 12等分にカットして2切れを器に盛り、ミックスベリーとスペアミントを添える。

CHIFFON CAKE

ARRANGE

ARRANGE A

with ミックスベリー

［トッピング］

ミックスベリー………5個
ミント………………適量
ホイップクリーム…大さじ1

シフォンケーキをカットして器に盛り、ホイップクリームを広げ、その上にミックスベリーをのせ、ミントを添える。

かわいく並べたベリーでビタミン摂取

DATA

エネルギー 215kcal
糖質 …… 12.8g
脂質 …… 16.5g
タンパク質 …… 8.6g

ARRANGE B

with レモンミント

［トッピング］

レモンスライス………3枚
ミント………………適量

シフォンケーキをカットして器に盛り、半分にカットしたレモンを添え、ミントをのせる。

さっぱりさわやかビタミンアップの一皿

DATA

エネルギー 176kcal
糖質 …… 12.0g
脂質 …… 12.5g
タンパク質 …… 8.4g

1 WEEK CHALLENGE!

スリムになりたい人のための 1週間チャレンジメニュー

脂質をできるだけ制限しながら3食しっかり食べる、スーパー低カロリーメニュー。体重50kgの人で、100～120gのタンパク質摂取を想定しています。

月 曜日

7:00 起床
プロテイン20g

7:30 朝食
鶏むね肉の蒸しステーキ
（ごまドレッシング）→P47
玄米100g
ノンオイルツナ＆海藻サラダ→P72

10:00 プロテイン20g

13:00 昼食
鶏むね肉のステーキ→P45
卵白山盛り
玄米80g

16:00 プロテイン20g

19:00 夕食
季節の20品目野菜とチキンのパワーサラダ→P71

22:00 プロテイン20g

23:00 就寝

木 曜日

7:00 起床
プロテイン20g

7:30 朝食
皮なし鶏もも肉のステーキ→P48
蒸し鶏と卵白のサラダ→P73
玄米100g

10:00 プロテイン20g

13:00 昼食
季節の20品目野菜とチキンのパワーサラダ→P71
卵白山盛り

16:00 プロテイン20g

19:00 夕食
鶏むね肉の蒸しステーキ
（塩レモン）→P46
ブロッコリー山盛り

22:00 プロテイン20g

23:00 就寝

金 曜日

7:00 起床
プロテイン20g

7:30 朝食
鶏むね肉の蒸しステーキ
（ごまドレッシング）→P47
ブロッコリー山盛り
玄米100g

10:00 プロテイン20g

13:00 昼食
鶏ささみと卵白のホワイトオムレツ→P53
ブロッコリー山盛り
玄米80g

16:00 プロテイン20g

19:00 夕食
鶏むね肉の蒸しステーキ
（塩レモン）→P46
ブロッコリー山盛り

22:00 プロテイン20g

23:00 就寝

火曜日

7:00 起床
プロテイン20g

7:30 朝食
厚切りサーモンのトマトソース味→P61
玄米100g
ノンオイルツナ&海藻サラダ→P72

10:00 プロテイン20g

13:00 昼食
鶏ささみと卵白のホワイトオムレツ→P53
鶏ささみスティック→P80
玄米80g

16:00 プロテイン20g

19:00 夕食
鶏むね肉の蒸しステーキ
(塩レモン)→P46
ブロッコリー山盛り

22:00 プロテイン20g

23:00 就寝

水曜日

7:00 起床
プロテイン20g

7:30 朝食
鶏ささみと卵白のホワイトオムレツ→P53
玄米100g

10:00 プロテイン20g

13:00 昼食
鶏むね肉のステーキ→P45
ノンオイルツナ&海藻サラダ→P72
玄米80g

16:00 プロテイン20g

19:00 夕食
鶏むね肉の蒸しステーキ
(梅&みょうが)→P47
ブロッコリー山盛り

22:00 プロテイン20g

23:00 就寝

土曜日

7:00 起床
プロテイン20g

7:30 朝食
メカジキの和風おろしポン酢→P62
ノンオイルツナ&海藻サラダ→P72
玄米100g

10:00 プロテイン20g

13:00 昼食
鶏むね肉の蒸しステーキ
(梅&みょうが)→P47
ノンオイルツナ&海藻サラダ→P72
玄米80g

16:00 プロテイン20g

19:00 夕食
鶏ささみの梅肉和え→P79
ブロッコリー山盛り

22:00 プロテイン20g

23:00 就寝

日曜日

7:00 起床
プロテイン20g

7:30 朝食
マグロステーキのジェノベーゼソース→P63
卵白山盛り
玄米100g

10:00 プロテイン20g

13:00 昼食
鶏むね肉の蒸しステーキ
(塩レモン)→P46
ノンオイルツナ&海藻サラダ→P72
玄米80g

16:00 プロテイン20g

19:00 夕食
鶏ささみのあぶり→P77
ブロッコリー山盛り

22:00 プロテイン20g

23:00 就寝

1 WEEK CHALLENGE!

筋肉を増やしたい人のための1週間チャレンジメニュー

タンパク質増量＋糖質オンで、一瞬たりとも筋肉が分解される隙を与えないパワーメニュー。体重70kgの人は、140gのタンパク質摂取が目標です。

※BCAAとは、筋肉作りに不可欠なアミノ酸

月 曜日

7:00 **起床**
BCAA 5g

7:30 **朝食**
皮なし鶏もも肉のステーキ(400g)→P48
玄米200g、ブロッコリー山盛り
バナナスムージー→P84

10:00 プロテイン30g

13:00 **昼食**
鶏むね肉のステーキ(400g)→P45
卵白山盛り、玄米200g

16:00 プロテイン30g

19:00 **夕食**
牛ヒレ赤身肉のステーキ→P56
玄米200g、ブロッコリー山盛り

22:00 プロテイン20g

23:00 **就寝**

トレーニングの日

金 曜日

7:00 **起床**
BCAA 5g

7:30 **朝食**
皮なし鶏もも肉のステーキ(400g)→P48
玄米200g、ブロッコリー山盛り

10:00 **トレーニング 1時間前**
プロテイン30g、バナナ1本

10:30 **トレーニング 30分前**
BCAA 10g

12:00 **トレーニング直後**
血流が落ち着く10～15分後にバナナやウイダーインゼリーなどで糖質を補給、もしくはプロテインを果汁100%のジュースで割って飲む

12:30 **昼食**
鶏むね肉の蒸しステーキ(ごまドレッシング)→P47
玄米200g、ブロッコリー山盛り

16:00 **間食**
プロテイン20g
玄米おにぎり1個、素焼きアーモンド 50g

19:00 **夕食**
牛ヒレ赤身肉のステーキ(300g)→P56
玄米200g 、ブロッコリー山盛り

22:00 プロテイン20g

23:00 **就寝**

木 曜日

7:00 **起床**
プロテイン20g

7:30 **朝食**
メガボウルチョップドサラダ(塩レモン)→P68
鶏むね肉のステーキ→P45
玄米200g

10:00 プロテイン20g

13:00 **昼食**
皮なし鶏もも肉のピリ辛ホットグリル→P50
ブロッコリー山盛り
玄米200g

16:00 **ミックスベリースムージー→P83**

19:00 **夕食**
マグロステーキのジェノベーゼソース→P63
玄米100g、卵白山盛り、ブロッコリー山盛り

22:00 プロテイン20g

23:00 **就寝**

トレーニングの日

火曜日

7:00 起床
BCAA 5g

7:30 朝食
マグロステーキのジェノベーゼソース→P63
ノンオイルツナ&海藻サラダ→P72
玄米200g、卵白山盛り

10:00 トレーニング 1時間前
プロテイン20g、バナナ1本

10:30 トレーニング 30分前
BCAA 10g

12:00 トレーニング直後
血流が落ち着く10～15分後にバナナやウイダーインゼリーなどで糖質を補給、もしくはプロテインを果汁100%のジュースで割って飲む

13:00 昼食
鶏むね肉のステーキ(400g)→P45
玄米200g
蒸し鶏と卵白のサラダ→P73

16:00 間食
プロテイン20g
玄米おにぎり1個、素焼きアーモンド 50g

19:00 夕食
皮なし鶏もも肉のスタミナガーリック焼き→P51
玄米200g

22:00 プロテイン20g

23:00 就寝

土曜日

7:00 起床
プロテイン20g

7:30 朝食
厚切りサーモンのトマトソース味→P61
メガボウルチョップドサラダ(バルサミコ)→P69
玄米200g

10:00 プロテイン20g

13:00 昼食
鶏むね肉のステーキ→P45
玄米200g

16:00 **バナナスムージー**→P84

19:00 夕食
皮なし鶏もも肉のステーキ→P48
鶏ささみスティック→P80
玄米100g

22:00 プロテイン20g

23:00 就寝

水曜日

7:00 起床
プロテイン20g

7:30 朝食
鶏ささみと卵白のホワイトオムレツ→P53
玄米200g
プロテインアサイーボウル→P86

10:00 プロテイン20g

13:00 昼食
牛リブロースステーキ→P55
玄米200g

16:00 **バナナスムージー**→P84

19:00 夕食
牛赤身肉のローストビーフ→P57
ブロッコリー山盛り
玄米200g

22:00 プロテイン20g

23:00 就寝

日曜日

7:00 起床
プロテイン20g

7:30 朝食
鶏ささみの梅肉和え→P79
ブロッコリー山盛り
玄米200g

10:00 プロテイン20g

13:00 昼食
牛リブロースステーキ→P55
玄米200g

16:00 **グリーンスムージー**→P85

19:00 夕食
鶏ささみと卵白のホワイトオムレツ→P53
卵白山盛り
玄米100g

22:00 プロテイン20g

23:00 就寝

1 WEEK CHALLENGE!

疲れをとりたい人のための 1週間チャレンジメニュー

鶏むね肉と山盛りブロッコリーで、疲労回復＋ビタミン補給。糖質の摂り過ぎは疲労感やだるさを招く可能性があるため、夕食では主食をカットします。

月曜日

7:00 起床
プロテイン20g

7:30 朝食

皮なし鶏もも肉のしょうが焼き→P49
玄米100g
ノンオイルツナ＆海藻サラダ→P72

10:00 **ミックスベリースムージー**→P83

13:00 昼食

鶏むね肉の蒸しステーキ（ごまドレッシング）→P47
ブロッコリー山盛り
玄米100g

16:00 **プロテインシフォンケーキ**→P88

19:00 夕食

きのこのホイル焼き→P75
ブロッコリー山盛り
卵白の山盛り

23:00 就寝

木曜日

7:00 起床
プロテイン20g

7:30 朝食

皮なし鶏もも肉のピリ辛ホットグリル→P50
玄米100g
ブロッコリー山盛り

10:00 **グリーンスムージー**→P85

13:00 昼食
鶏むね肉の蒸しステーキ（塩レモン）→P46
玄米100g
ノンオイルツナ＆海藻サラダ→P72

16:00 プロテイン20g

19:00 夕食

季節の20品目野菜とチキンのパワーサラダ→P71
卵白山盛り

22:00 プロテイン20g

23:00 就寝

金曜日

7:00 起床
プロテイン20g

7:30 朝食

皮なし鶏もも肉のステーキ→P48
玄米100g
ブロッコリー山盛り

10:00 プロテイン20g

13:00 昼食

鶏むね肉のステーキ→P45
玄米100g
ノンオイルツナ＆海藻サラダ→P72

16:00 プロテイン20g

19:00 夕食
牛ヒレ赤身肉のステーキ→P56
ブロッコリー

22:00 プロテイン20g

23:00 就寝

火曜日

7:00 **起床**
プロテイン20g

7:30 **朝食**
メカジキの和風おろしポン酢→P62
ノンオイルツナ&海藻サラダ→P72
玄米100g

10:00 プロテイン20g

13:00 **昼食**
鶏むね肉のステーキ→P45
玄米100g
ブロッコリー山盛り

16:00 **バナナスムージー→P84**

19:00 **夕食**
鶏むね肉の蒸しステーキ（梅&みょうが）→P47
ブロッコリー山盛り

22:00 プロテイン20g

23:00 **就寝**

水曜日

7:00 **起床**
プロテイン20g

7:30 **朝食**
鶏ささみの梅肉和え→P79
玄米100g
ブロッコリー山盛り

10:00 **ミックスベリースムージー→P83**

13:00 **昼食**
鶏ささみと卵白のホワイトオムレツ→P53
玄米100g
蒸し鶏と卵白のサラダ→P73

16:00 **プロテインシフォンケーキ→P88**

19:00 **夕食**
鶏ささみのあぶり→P77
ブロッコリー山盛り

22:00 プロテイン20g

23:00 **就寝**

土曜日

7:00 **起床**
プロテイン20g

7:30 **朝食**
鶏むね肉と軟骨の豆腐入りおろしポン酢ハンバーグ→P52
玄米100g
メガボウルチョップドサラダ（塩レモン）→P68

10:00 プロテイン20g

13:00 **昼食**
厚切りサーモンのトマトソース味→P61
玄米100g
ノンオイルツナ&海藻サラダ→P72

16:00 プロテイン20g

19:00 **夕食**
牛リブロースステーキ→P55
ブロッコリー山盛り

22:00 プロテイン20g

23:00 **就寝**

日曜日

7:00 **起床**
プロテイン20g

7:30 **朝食**
きのこのホイル焼き→P75
牛赤身肉のローストビーフ→P57
玄米100g

10:00 プロテイン20g

13:00 **昼食**
鶏ささみのあぶり→P77
玄米100g
卵白山盛り
ブロッコリー山盛り

16:00 プロテイン20g

19:00 **夕食**
鶏むね肉の蒸しステーキ（梅&みょうが）→P47
ブロッコリー山盛り

23:00 **就寝**

{ COLUMN }

飲み会やパーティーでもストレスフリー「食べ過ぎたら翌日で調節」でOK！

2日間の総カロリーでコントロールすれば たまには好きなものを食べても大丈夫です！

「今週末、飲み会があるんですが、お酒は飲まないほうがいいですか？」「来週、会社のパーティーなんですが、食事はどうしたらいいでしょう？」。パーソナルトレーナーをしていた時代、僕のところにはこんな質問がたくさん寄せられました。結論からいえば、飲み会もパーティーもOKです。ガマンはダイエットの大敵ですから、その場は楽しく過ごしてください。

　というのは、前の晩食べた料理の脂が、次の日すぐに体脂肪となって蓄積されるわけではないからです。食べたものを消化するのに、糖質なら2時間以上、タンパク質は3時間以上、脂質は7～8時間以上かかります。そこからカラダに吸収されるのにさらにプラス1時間ほどかかるのです。

　翌日の朝と昼はカロリーが少なめになるように、玄米などの糖質を減らして、タンパク質と野菜中心にすること。できれば、軽い運動や筋トレをすると、さらにリセットされます。

　気をつけたいのは、調子にのって暴飲暴食してしまうこと。量をコントロールして楽しみましょう。

ある日の飲み会

- 鶏のから揚げ
- 枝豆
- ビール ×5杯
- ラーメン

食べ過ぎてしまった →

そんな日の翌日は……?!

朝 プロテインドリンク

昼 鶏むね肉の蒸しステーキ＋サラダ（ノンオイルドレッシング）

筋トレ……30分
ウォーキング……30分

夜 鶏むね肉のステーキ

これでリセット！

PART

4

THE BEST WORKOUT
FOR
YOUR BODY

一生太らない！

若返りが加速する生き方

高タンパク低カロリーの食事が習慣になると
カラダにいいことを続けているという自信になります。
そこでカラダを仕上げる最後の1割が運動です。
筋肉を増やすのは食事とトレーニングの積み重ね。
自分のカラダを日々進化させましょう。

KINNIKU
SHOKUDOU

健康と若返りが加速する5つのコツ

今、自分は心身ともによい状態なのか。
それとも欲望にまかせた生活をしているのか。
カラダにはそれが表れます。
毎日の食事、睡眠、運動のバランスをとり、
いいカラダでいられる習慣を作りましょう。

1 毎日鏡を見る

カラダは毎日食べたものの積み重ね。おなかをへこませたい、くびれを作りたいなど、ここをもっとこうしたい、という気持ちがダイエットを成功させるモチベーションになります。

2 よい睡眠をとる

筋肉を回復させる成長ホルモンが分泌されるのと、脳とカラダを休めるノンレム睡眠が一番深くなるのは最初の2～3時間です。スマホを見ないなど、寝るモードを妨げないことが大切です。

3 食べたものでカラダは作られる、ということを意識する

今日のカラダは昨日までに食べたものの結果です。食欲に負けて揚げ物や洋菓子に手を出せば、帳消しにするのは大変。これを食べたらプラスかマイナスかを考える習慣をつけましょう。

4 適度な運動をする

ジョギングをしたり、ジムに行ったりしなくても日常の行動をトレーニングにしてしまいましょう。この駅は階段を使う、歯磨きをしながらスクワットをするなど、習慣化が大切です。

5 ストレスをためない

ストレスを感じるとコルチゾールが分泌され、食べたものと関係なく糖と脂肪がため込まれて太ってしまうことがわかっています。毎日の食事を楽しんで適度に息抜きするのも大切です。

LET'S GET MUSCLE!

15分 メニュー

食事と組み合わせると効果倍増！

毎日やりたい筋トレ

食事のコントロールができてくると、自然とカラダを
動かしたくなってくるはず。全身に効果がある
ベーシックなメニューなので、ぜひやってみてください。

引き締めたい筋肉を意識してプルプルするまで続けよう！

僕は、パーソナルトレーナーを10年やってきましたが、食事が9割、エクササイズは1割でいい、と伝えています。それほどカラダを変えるには食事が大切ですが、毎日15分でも動くことを習慣にできたら、もっとカラダは変わってきます。

脂肪は、使っていない場所につきます。二の腕の裏、内もも、お尻の下、下腹部。みなさんが「やせたい」と思う場所は、ふだんの生活ではなかなか引き締まりません。そこで、必要なのが筋トレです。ここでは、家にあるものでできるトレーニングメニューを5つご紹介します。

筋トレを効果的に行うポイントは、①セットの間はあけない ②オールアウトするまで行う ③テレビやスマホを見ながらやらない、の3つ。①は、たとえばスクワット15回3セットというのは、15回やったら1〜1分半ほど休んで、息が整ったらすぐ2セット目を行い、また息を整えたらすぐ3セット目というように、続けて行うということです。②のオールアウトというのは、「もうこれ以上はできない！」というところまで筋肉を使うこと。スクワットなら、太ももがプルプルとしてくるまで、レッグレイズならおなかがふるえてくるくらいまで追い込めたらベストです。③は集中力が半減するという研究データがあります。わずか15分ですから、ぜひ集中して実践してください。

この筋肉に効く！ ▶ 大腿四頭筋 大臀筋 脊柱起立筋

TRAINING 01

下半身を強化し姿勢をよくする！

スクワット

前ももにある大きな筋肉、大《だい》腿《たい》四《し》頭《とう》筋《きん》と、お尻を作る大《だい》臀《でん》筋《きん》、そして背骨に沿って骨盤から頭までつながっている脊《せき》柱《ちゅう》起《き》立《りつ》筋《きん》を鍛えます。

目標回数
15回×3セット

1 足を肩幅に開き目線は前へ腕は肩の高さに

つま先は前に向け、重心はかかと側に置く。おなかに力を入れて、反り腰や猫背に注意して立つ。肩の高さで腕を交差させると胸を張りやすい。

2 ひざがつま先より前に出ないようにお尻を落とす

息を吐きながら、目線は前に向けたまま、お尻を落としていく。ひざがつま先より前に出ないように、誰かにお尻を引っ張られているイメージ。ひと呼吸したらまた①へ。

NG

猫背の人は目線も下がりがち

ひざがつま先より前に出ると効果ゼロ！

正しいフォームでできているかを鏡でチェック！

TRAINING 02

この筋肉に効く！▶ 大臀筋 ハムストリングス

ももの裏側を刺激してお尻を形よく！

ブルガリアンスクワット

ハムストリングスは裏ももにある大きな筋肉。大臀筋とハムストリングスを鍛えることで、お尻の付け根が引き締まって形のいいヒップになれます！

目標回数
各10回×3セット

1 片足の甲を椅子にのせ背中をまっすぐに立つ

椅子にのせた足首からひざの高さは水平。前足は大きく前に出し、かかとに重心を置く。背中はまっすぐ、目線は前へ。手は軽く腰に。

2 ひざが90度になるまでカラダを沈める

背中はまっすぐ、息を吐きながら椅子にのせた脚を真下に曲げる。上半身をまっすぐ真下に沈める。ひと呼吸したら①に戻り、左右ともくり返す。

NG

前足の位置が違うと
ももに効かない

上半身が前傾したり
猫背になったりすると
まったく効果なし

ふらつかないように
バランスをとりながら
やりましょう！

この筋肉に効く！ ▶ 広背筋 脊柱起立筋 上腕三頭筋

TRAINING 03

振り返られる背中になる！

ベントオーバーローイング

背中の上部にある広《こう》背《はい》筋《きん》、背筋をまっすぐにする脊柱起立筋、二の腕の裏の上腕三頭筋。主にこの3カ所を鍛えて、背中のぜい肉を落としていくトレーニング。

目標回数
15回 × 3セット

NG

首が前に出ていて猫背で棒立ち

この立ち方では腕を曲げても背中に効かない

スクワットのフォームで行うので強度は高めです

1

お尻を引いて上半身は前傾し、腕は真下に下ろす

フォームは01のスクワットが基本。ペットボトルは手の甲を外側に向けて持ち、ボトルに引っ張られるように腕を下に伸ばしてスタンバイ。

2

肩甲骨を寄せて背中の肉を絞る

ひじを後ろに引きながら肩甲骨を寄せて脇を締める。このとき手首を返してペットボトルが手のひらにのるようにする。①に戻り、くり返す。

この筋肉に効く！ ▶ 大胸筋

TRAINING 04

厚い胸板を作る定番の筋トレ！

プッシュアップ

プッシュアップの目的は、腕ではなく大《だい》胸《きょう》筋《きん》を鍛えること。胸板を厚くしたい人、バストアップしたい人はぜひ、毎日のトレーニングに組み込みましょう。

目標回数
10回 ×
3セット

1

肩幅より広めに手をつき 頭からかかとまで一直線にする

指先はそろえて前に向ける。つま先を立てて、かかとはやや後ろに引くようにする。足の間はやや開くほうがラク。目線は下に向ける。

2

下げたときに大胸筋を伸ばし 縮めながら元に戻す

ひじを後ろに引きながら、胸を開くようにカラダを沈める。顔はあごから床に近づくようにし、頭からかかとは一直線。①に戻り、くり返す。

負担を軽くするには……？

①の姿勢がツライ人は
ひざをついてOK！

脚を伸ばした姿勢を腕で支えるのがキビシイという人は、床にひざをつきましょう。お尻から頭までを一直線にすればOKです。

これでは大胸筋が
伸び縮みしない

腰が反っていると
腰を痛めかねない！

NG

大胸筋を
伸び縮み
させるのを意識！

この筋肉に効く！ ▶ 腹直筋 腸腰筋

TRAINING 05

おなかの内側と外側を一度に引き締める！

レッグレイズ

シックスパックといわれるおなかの外側についた腹《ふく》直《ちょく》筋《きん》と、骨盤と横隔膜をつなぎ、内側からおなかを支える腸《ちょう》腰《よう》筋《きん》を鍛えるトレーニング。おなかを引き締めましょう。

目標回数
10回 ×
1セット

1

両足と頭は床から少し浮かせる

首を少し上げてつま先を見る。かかとは床から5㎝ほど浮かす。腕はカラダに沿って伸ばす。

2

手のひらで床を押しながら5秒かけて脚を上げる

上げるときに腰が反らないよう、手のひらで床をしっかり押す。ひざが曲がらないように注意。

3

おなかに力を入れ5秒キープ

おなかとももに力を入れ脚を伸ばす。腰が反らないよう5秒キープしたら①に戻り、くり返す。

腰が痛いときは……？

背中と床のすき間に手を差し入れて調整しよう

床と背中にすき間ができると腰によくない。手をすき間に入れ、腰を手の甲に押しつけるようにしてみよう。

ひざが曲がるとおなかの力が抜ける！

10回でオールアウトできるようがんばろう！

Lesson

トレーニング前はようかんもOK！

トレーニング前後はプロテインと糖質をタイミングよく摂る！

トレ前1時間とトレ後30分が補給のベストタイミング

トレーニングをしたら30分以内にプロテインパウダーを摂るように、と言われたことはありませんか？　筋トレは筋線維に負荷をかけて一度壊し、再び合成することで、強く大きくしていく作業。筋肉の回復にタンパク質が必要なことから、このように言われていました。

さらに最近では、プロテインパウダーがカラダに吸収されるのに2時間かかることがわかり、トレーニング前にも摂取するようになってきました。

具体的には、トレーニングの1時間前にプロテインパウダーを摂取します。そうすると筋肉が回復しようとするときに、充分なタンパク質がカラダのなかにあるので、回復も早く、筋肉もより大きくなろうとします。

もうひとつ大切なのは、糖質の補給です。カラダを動かすエネルギーとなる糖質は、グリコーゲンとなって筋肉や肝臓に蓄えられます。このグリコーゲンが充分に蓄えられていない状態で筋トレをすると、カラダはグリコーゲンの代わりに、筋肉を分解してエネルギーを作り出そうとします。それを防ぐために、トレーニングの前と後には、グリコーゲンを満たすために、糖質を摂るようにします。

1日の食事を5〜7回に分けてタンパク質を補給し続ける食べ方ができていれば、カラダの中はいつでも筋肉回復の準備ができている状態です。さらに、トレーニングのある日は、筋トレ効果を最大限に引き出す食事のタイムテーブルを作っておくと、完璧です。

［トレーニング前後の栄養摂取］

1時間前 … プロテインドリンク
1杯（200～350㎖）ほどを摂取

↓

トレーニング中（1～2時間） … 糖質を含む
ドリンクを摂取

アミノ酸やBCAA入りのスポーツドリンクを飲みながらやるのがおすすめです

↓

トレーニング後すぐ … 少しの糖質を摂取

果汁100％ジュース（250㎖） → プロテインドリンク 1～2杯

- **トレーニング後はグリコーゲンが枯渇しており、タンパク質を摂取できないため、まず糖質が必要**
- **糖質のあとでタンパク質を摂取することで、効率よく体内に吸収される**

↓

1時間以内 … 肉を中心とした食事をする

POINT //

◆ タンパク質の消化吸収は2時間かかる

◆ トレーニング前後は糖質も必要

Lesson

最初のノンレム睡眠が筋肉の回復時間

1回目のノンレム睡眠をいかに深くするかで回復力に差がつく！

筋肉を回復させる成長ホルモンは1回目の睡眠時に分泌される

その日の筋トレで傷ついた筋肉を回復させるのが、睡眠中に分泌される成長ホルモンです。成長ホルモンと聞くと、大人は関係ないのではと思う人がいるかもしれませんが、成人期以降も、脂肪や糖の代謝を促して過剰にたまらないようにしたり、筋肉の量や骨の量を保つようにするなどカラダを維持するための大切な役割を担っています。

睡眠は、深い眠り（ノンレム睡眠）と浅い眠り（レム睡眠）が交互にやってきます。一番深いノンレム睡眠がやってくるのが、寝入ってから2～3時間後です。筋肉を回復させる成長ホルモンが分泌されるのは、この最初に現れる、深いノンレム睡眠の時間だと言われています。

深いノンレム睡眠の時間は、脳とカラダの休息時間です。この最初の眠りをいかに深くするかで、カラダの回復力が変わってきます。睡眠は8時間が理想と言われますが、忙しくて充分な睡眠時間がとれないときでも、最初のノンレム睡眠が充分に深ければ、短時間でもすっきりと目覚められます。

深い睡眠のために、寝付きをよくする方法はいろいろあると思いますが、僕は、寝るモードに入ったら、まず間接照明に切り替えて、テレビやスマホは切って、ぬるめのお風呂に最低でも30分は入るようにしています。

食事は寝る3時間前には摂り終え、消化器官を休ませる意味でも、寝る前は食べません。おなかが空いてしまったときは、プロテインドリンクや温かいミルクを飲むのがおすすめです。

［ よい睡眠のとりかた ］

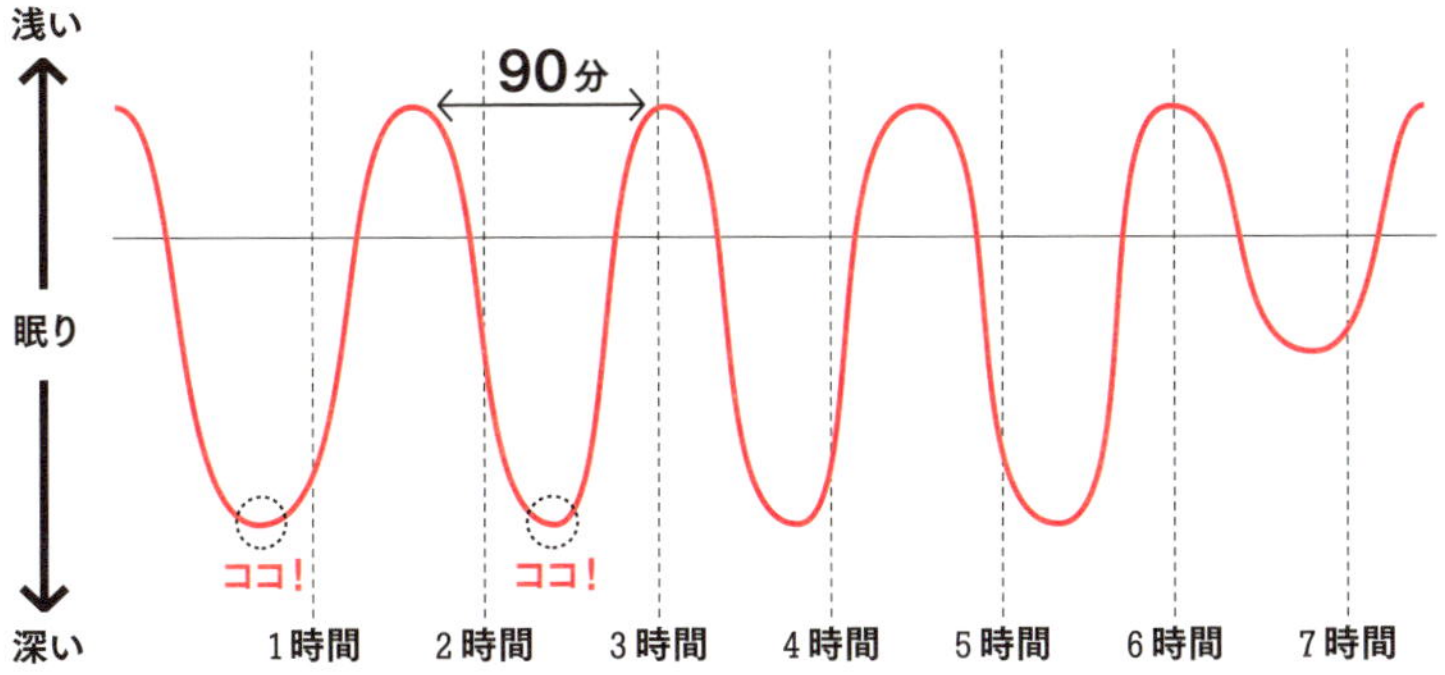

睡眠のリズムは90分 … **1回目、2回目のノンレム睡眠をどれだけ深くするかで、睡眠の質が変わる！**

‖

眠りが深ければ短時間でも疲れがとれる！

谷川流！
快眠法
5

副交感神経を高めて脳もカラダもリラックスさせることが、1回目の睡眠を深くするポイントです。

- その1 湯船に30分以上浸かる！
- その2 テレビ、スマホ、パソコンは見ない！
- その3 部屋の明かりは暗くしておく！
- その4 食事は寝る3時間前までに摂る！
- その5 寝る前にはホットミルクでカラダを温める！

POINT //

◆ よい睡眠は1回目のノンレム睡眠の深さが大切
◆ 寝る前はカラダを睡眠モードに導く工夫を

教えて！ 谷川さん

筋肉食堂Q&A

やせたい。カッコいいカラダになりたい。
でも高タンパク低カロリーの食事って自分にもできるの？
そんなあなたに代わって素朴な疑問をぶつけてみました。

Q.

早く結果を出したいんですが……

A.

焦らず、ゆっくりがリバウンドを上手に防ぐカギです

1カ月で体重の3％以上が落ちると、必ずリバウンドします。体重に一喜一憂せず、食事法を変えてやせやすく太りにくいカラダを目指しましょう。

Q.

チートデーって何ですか？

A.

ダイエットをサボる日。ただし暴飲暴食に注意して！

Cheat（チート）は英語で「だます」の意味。減量の停滞期に高カロリーの食事でカラダをだまし、脂肪がまた燃えるように仕向けるもの。3カ月の食事制限中、2週間に1食くらいならいいと思います。

Q. **タンパク質ばかりの食事は、カラダに負担がかかるという説もありますが……**

A.

ささみだけ、プロテインだけなど偏った食べ方はやめましょう

どんな栄養素も、偏った摂り方をすればよくありません。カラダを変えるにはビタミンやミネラルをはじめ、脂質も糖質も必要です。栄養バランスのとれた食事をしましょう。

Q.

タンパク質中心の食事はお金がかかります……

A.

毎日ステーキを食べなくても鶏むね肉やささみ、卵を利用しよう

肉類は業務用のスーパーや通販でまとめて購入すると割安になります。タレに漬け込んで冷凍すれば、調理もラクで日持ちもします。卵やケースで買えるノンオイルのツナ缶も、上手に利用してください。

Q.

お酒を飲んでもいいですか？

A.

ハイボールなど低カロリーのお酒なら少しはOKです

早く結果を出したいのであれば、初めの3カ月は控えることをすすめますが、お酒をガマンすることがストレスになるのはよくありません。P.81を参考に、無理なく楽しむならいいと思います。

筋肉食堂へ行こう!

健康を気遣う人で連日大にぎわい。
活気のある食堂でカラダにいい食事をしよう。

水道橋店

東京ドームでスポーツの試合があると、アフターゲームのお客さんでわいわい盛り上がる水道橋店。特に格闘技系の試合のあとは熱い。平日ランチどきは行列ができる人気店。

〒101-0061　東京都千代田区三崎町2-21-11
ゑびすビル B1F
TEL：03-6261-5212

営業時間
平日：LUNCH TIME 11:00～15:00(LO14:30)
DINNER TIME 17:00～23:00(LO 22:30)
土：11:30～22:00(LO 21:30)
日・祝：11:30～20:30(LO 20:00)

六本木店

俳優やモデル、タレントからボディビルダー、トップアスリートまで、場所柄、華やかな面々が常連の六本木1号店。周辺にはジムも多く、トレーニング帰りの人で遅くまでにぎわう。

〒106-0032　東京都港区六本木7-8-5
TEL：03-6434-0293

営業時間
平日：LUNCH TIME 11:00～15:00(LO14:30)
DINNER TIME 17:00～23:00(LO 22:30)
土：11:30～22:00(LO 21:30)
日・祝：11:30～20:30(LO 20:00)

銀座コリドー店

銀座のグルメ商店街で、新たな行列店となっているコリドー店。週末は、銀座デートのカップルや皇居ランナーが押し寄せ、メガサラダやステーキの注文が飛び交っている。

〒104-0061　東京都中央区銀座7-2の先 216号室
TEL：03-6280-6829

営業時間
平日：LUNCH TIME 11:00～15:00(LO14:30)
DINNER TIME 17:00～23:00(LO 22:30)
土：11:30～22:00(LO 21:30)
日・祝：11:30～20:30(LO 20:00)

渋谷店

こちらも周りにジムが多いため、トレーニング後のタンパク質補給に通うお客様でいつもいっぱいの人気店。広い店内は、筋肉女子会コースで盛り上がるグループ多し。

〒150-0043　東京都渋谷区道玄坂1-18-6
秀峰ビル1F
TEL：03-6416-5929

営業時間
平日：LUNCH TIME 11:00～15:00(LO14:30)
DINNER TIME 17:00～23:00(LO 22:30)
土：11:30～23:00(LO 22:30)
日・祝：11:30～20:30(LO 20:00)

CHECK IT!

新店オープン！ カレッタ汐留DELI

2019年6月3日にオープン。デリバリーメニューでおなじみのランチボックスのほか、プロテインスムージーも販売！　汐留駅・新橋駅からすぐにアクセス可能。

〒105-7090　東京都港区東新橋1-8-2 カレッタ汐留 B2F
TEL：03-6228-5629

営業時間
平日：11：00～20：00
土：11：00～19：00
日・祝：11：00～18：00

丸ビルDELI

丸ビルで働く人たちの間で評判のお弁当専門店。高タンパク低カロリーのテイクアウトランチは健康なカラダを維持したい多忙な会社員に大人気。安井友梨さん(P.5参照)もご愛用。

〒100-6390　東京都千代田区丸の内2-4-1
丸ビル B1F
TEL：03-6551-2829

営業時間
平日：11：00～21：00
日・祝：11：00～20：00

谷川俊平（たにがわ・しゅんぺい）

高タンパク低カロリー食レストラン「筋肉食堂」を運営するTANPAC株式会社マネージャー。1983年大分県生まれ。福岡大学スポーツ科学部卒業後、スポーツジム「TOTAL Workout」に入社。トップアスリートや有名芸能人のボディメイクを10年間担当。「最高のカラダ作りには食事が9割」を痛感し、2015年、おいしく食べてボディメイクができる食事を提供するレストラン「筋肉食堂」をオープン。カラダが喜ぶメニューの開発やベストパフォーマンスのための食の啓発活動に力を入れている。

STAFF

デザイン　月足智子
撮影　田辺エリ
スタイリング　大関涼子
イラスト　森屋真偉子
栄養計算　赤堀料理学園
編集協力　印田友紀　二平絵美　内田理惠（smile editors）
編集　三宅礼子
校正　株式会社円水社
撮影協力　UTUWA

筋肉食堂
3日で実感！　おなかが凹む！
最強の食べ方

発行日　2019年7月25日　初版第1刷発行

著者　谷川俊平
発行者　竹間 勉
発行　株式会社世界文化社
〒102-8187
東京都千代田区九段北4-2-29
電話 03-3262-5118（編集部）
電話 03-3262-5115（販売部）
印刷・製本　株式会社リーブルテック

ISBN978-4-418-19412-4